街路樹を楽しむ15の謎

渡辺一夫

築地書館

左ページ上

④黄金色に輝く横浜・日本大通りのイチョウ並木。イチョウは街路樹にとても適した樹木で、日本の街路にもっともたくさん植えられている。

①東京・表参道のケヤキ並木。ケヤキは夏に緑陰をつくるだけでなく、四季折々の魅力をもつ街路樹である。

②色づくナンキンハゼの葉。美しい紅葉で人気が高い。

③ナンキンハゼの実。脂分が多く鳥が好んで食べ、種子を散布する。

自由《じゆう》に生《い》きる愛《あい》を生《い》きる　若い人たちに贈る小説教集

2009年3月20日　初版第1刷発行

著者　倉松　功
発行者　大木英夫
発行所　聖学院大学出版会
〒362-8585　埼玉県上尾市戸崎1-1
電話 048-725-9801／Fax 048-725-0324
E-mail：press@seigakuin-univ.ac.jp
印刷所　株式会社 真興社

ISBN978-4-915832-80-2　C0016

倉松 功 著

キリスト教信仰概説

四六判　134 頁　1680 円
978-4-915832-05-5(2008)

日本のプロテスタント・キリスト教の中で，最も多数をしめる日本基督教団の「信仰告白」を解説することによって，プロテスタント・キリスト教信仰がどのようなものであるか，その概要を示す．また「聖書と宗教改革」「ルターの聖書の読み方」を収録する．

大木英夫 著

主の祈り

キリスト入門
〈ヴェリタス叢書 1〉

四六判　188 頁　1937 円
978-4-915832-13-0(1995)
(4-915832-13-9)

著者が牧会する滝野川教会で行った「主の祈り」講解説教．また，東京神学大学での講演「祈りについて」，敗戦を契機に著者自身がキリスト者になっていく心の旅「キリストへの道」を付す．祈りという最も宗教的な行為に神学的考察を加え，一般に考えられている〈祈り〉とはまったく異なるキリスト教の祈りの独自性を明確に指し示す．

聖学院キリスト教センター 編

神を仰ぎ，人に仕う

キリスト教概論　21 世紀版

A 5 判　272 頁　2100 円
978-4-915832-54-3(2009)
(4-915832-54-6)

「本書は大学においてはじめてキリスト教に触れ，それを学ぶ人に，『キリスト教とは何か』を的確に伝達しようとしています．キリスト教とは何かを知ることが，現代文明の中で大学教育を受けるにあたって必須であると確信し，その本質を伝授しようと意図している」(「はじめに」より)．大学生がキリスト教の「福音」に出会うことの手助けとなることを目指して，聖書に基づいてまとめられたものである．現代においてキリスト教の福音を知りたいと願う人の入門書．

⑤満開のハナミズキ。葉が出そろう前に花が咲くのでよく目立つ。ハナミズキは国際親善の使者として活躍している。
⑥ハナミズキの赤花の品種。花弁のように見えるのは苞（葉の変形したもの）である。本物の花はずっと小さくて、中心部に寄せ集まって咲く。

⑦芳香のあるニセアカシアの花。河原などに群生し、ハチミツの蜜源となっているが、繁殖力が強く問題視されている。
⑧早春に咲くコブシの花。輝くような白い色と、爽やかな香りで春を告げる。コブシの花には、古い時代の花がもっていた原始的な特徴が残されている。

左ページ
⑨東京を代表する街路樹であったプラタナス。かつてはよく植えられたが、管理費用がかさむことから近年は敬遠されている。写真は東京・霞が関の官庁街。
⑩竹ぼうきを逆さに立てたような独特の樹形を見せるポプラ。大きく育つが、風には弱く倒れやすい。
⑪満開のヤマボウシ。花はハナミズキに似るが、葉が出そろってから花が咲く。ヤマボウシは日本の在来種である。

9

11

10

⑫ハナミズキの果実。春に咲いた小さな花々の雌しべが生長して、それぞれひとつの果実をつくる。鳥は食べるが、人間の食用には適さない。
⑬ヤマボウシの果実。複数の果実が寄せ集まり癒着してできた複合果である。果肉はマンゴーのような甘い味がする。
⑭トチノキの葉。大きな葉を放射状に広げ、逆光に透かされると美しい。

⑮ベニバナトチノキの花。日本の在来のトチノキの白い花にくらべて、目立ちやすい。近年街路樹としてよく見かけるようになった。
⑯色鮮やかなナナカマドの果実と紅葉。北海道ではナナカマドは街路樹としてよく植えられている。

⑰北海道・旭川市役所前の「緑橋通り」のナナカマド。寒冷地にも生育するナナカマドは、旭川市の「市民の木」である。

街路樹を楽しむ15の謎

はじめに

全国の道路には高木だけで約六七〇万本もの街路樹が植えられています。街を歩けば、必ずどこかの街路樹の前を歩いていることになります。しかし、街路樹はあまりに身近な存在なので、多くの人は気にもとめないかもしれません。

街路に植えられている樹木には、それぞれ選ばれた理由があり、それはそれぞれの樹木の個性や生き方と深くかかわっています。

この本では、イチョウなど高木の街路樹について、それぞれの木がもっている個性や生き方を紹介しました。また、日本にはすばらしい景観や歴史をもつ並木も少なくありません。そこで国内の代表的な並木の話題も取り上げています。

そして本書では、街路樹のはやりすたり、街路樹にまつわる苦情、文学に描かれた街路樹、街路樹の健康状態、剪定した枝はどうなるのか、などなど、あまり知られていない街路樹の実像も盛りこみました。

家の周りを散歩するだけでも、ずいぶんたくさんの街路樹に出会えます。すこし立ち止まって、木の姿を眺めたり、その生き方に思いを馳せれば、いつもの散歩とは一味違ったひとときを過ごせるかもしれません。

この本で、そんな楽しみを見つけていただければ幸いです。

渡辺一夫

目次

コラム

ケヤキ

欅

スリムな樹形のケヤキには、意外な使い道があった

戦前にはほとんどなかったケヤキの街路樹

ケヤキは、街路樹の中でも人気の高い木である。その樹形が美しいことが、やはり人気の最大の理由だろう。しかし、ケヤキの魅力はそれだけではない。

ケヤキは落葉樹であり、春の萌え立つ若葉、夏の木漏れ日、秋の紅葉、冬の斜陽に輝く木肌など、四季折々の美しさを楽しめる。そして何よりも、大きく育ったケヤキの並木は、夏の強い日差しを遮り、歩道の気温も下げてくれる。

街路樹を管理するうえでも、ケヤキは根が深いため風で倒れにくいし、剪定に強く、枝を伐っても再生する能力が高い。こうしてケヤキは街路樹としては非常にポピュラーな存在となってい

扇のように広がったケヤキの樹形。冬も美しい樹形が楽しめる。

る。

平成一九（二〇〇七）年の統計によると、全国には約六六七万本の街路樹（高木）が存在するが、そのうちケヤキの街路樹の本数は、約四八万本で、イチョウ、サクラ類に次いで堂々の第三位である。外国産の街路樹も多い中で、純国産のケヤキは健闘しているといえるだろう。

しかし、意外なことに、ケヤキは戦後になって急激に増えた街路樹で、戦前はほとんど街路樹として使われることはなかった。

東京の例をあげると、明治末に街路樹の改良の必要性を感じた東京市は、街路樹に適した一〇種類の木を選定した。これを契機に東京の街路には街路樹が普及していったのだが、東京市が選んだ街路樹は、イチョウ、スズカケノキ（プラタナス）、ユリノキ、アオギリ、トチノキ、トウカエデなどであり、ケヤキは含まれていない。

東京の街路にケヤキが植えられなかったのは、狭い街路では大きくなりすぎること、大気汚染に弱い可能性があること、などが理由だったようだ。また、あまりにも身近な木であったので、街路樹としての評価は低かったのかもしれない。

街路樹としてのケヤキのルーツは表参道

近代的な街路に、最初にケヤキが植えられたのは、東京の表参道である。

表参道は、JR山手線の原宿駅のそばにある神宮橋から青山通りに至る街路で、おしゃれな通りとして知られる。長さ約一キロメートルの通りには、流行の先端をいくブランド店の入ったファッションビルが立ち並び、年間を通して買い物客や観光客でにぎわっている。そして道路の両脇には、ケヤキがみごとな並木をつくり、道行く人に大きな緑陰を提供している（口絵①）。

表参道は大正九（一九二〇）年に明治神宮の参道として完成した通りである。そして翌年の大正一〇年、参道の両側に二〇一本のケヤキが植栽された。これが表参道のケヤキ並木の起源である。

とはいっても、江戸時代以前からケヤキは道に植えられており、東京都府中市の大国魂《おおくにたま》神社や、

現在の表参道のケヤキ並木。
表参道のケヤキ並木は、ケヤキが近代的な都市の街路樹として使われるようになる先駆けとなった。

豊島区の鬼子母神《きしもじん》のケヤキ並木が、江戸時代から続いている並木として知られている。しかし、近代的な街路にケヤキが植えられたのは、この表参道のケヤキ並木が先駆けであった。

表参道は、街路であるとともに、神社の参道であった。ケヤキは古くから神社仏閣の参道に植えられてきたため、明治神宮の参道にふさわしい荘厳な景観をつくりだすために、ケヤキが植えられたのだろう。

大正時代に植えられた表参道のケヤキは、戦災でほとんどが焼失してしまったため、現存するものの多くは、戦後の昭和二〇年代に植えられた木である。並木が造られた大正一〇年に植えられたケヤキで、現在も生き残っているのは、一〇本だけとなっている。現在

昭和34年の表参道。
ケヤキは植えられてまもないので、まだ大きくなっていない。現在見られる表参道のケヤキは160本であるが、そのほとんどは戦後生まれということになる。（東京都港区立郷土資料館蔵）

見られる表参道のケヤキは一六〇本であるが、そのほとんどは、戦後生まれということになる。

上の写真は、昭和三四（一九五九）年の表参道の風景である。この当時は、植えられてまもないので、ケヤキ並木はまだ大きくなっていない。

昭和三〇年代までは、小さかったケヤキも、今では高さ二〇メートルほどに育ち、大きな緑陰をつくっている（前ページ写真）。ぎっしりとビルが並び、人通りも多いにもかかわらず、どこかこの通りが和やかな印象を与えるのは、ケヤキ並木があるからだろう。

表参道のケヤキ並木は、東京でも指折りの美しい並木といわれ、この存在が表参道の価値をさらに高めている。

仙台市のシンボルとなったケヤキ並木

戦後、全国にケヤキ並木はたくさん造られたが、日本でもっとも市民に愛されているのは、仙台市のケヤキ並木ではないだろうか。仙台は「杜の都」と呼ばれるが、仙台のメインストリートである青葉通りと定禅寺《じょうぜんじ》通りには、みごとなケヤキ並木があって仙台のシンボルともなっている。

仙台の市街地は、昭和二〇年七月一〇日の仙台空襲で焦土と化した。空襲前の仙台は、仙台藩の奨励によって武家屋敷や寺社の敷地に植えられた木々が多く、「杜の都」と呼ばれるゆえんとなったが、その木々も空襲で失われてしまった。青葉通りや定禅寺通りのケヤキ並木は、戦災復興計画の一環として、街の緑を回復するべく造られたものだ。ケヤキが選ばれたのは、苗木が入手しやすかったためであり、青葉通りには昭和二六年から、定禅寺通りには昭和三三年から、ケヤキの植栽が行われた。半世紀の歳月を経てケヤキは大きく育ち、今日これらの通りは緑のトンネルに覆われている。

青葉通りは、仙台市街の中心部を東西に走る、仙台のメインストリートである。仙台駅西口の駅前には、大きな歩道橋（ペデストリアンデッキ）があって、そこから西を眺めると、銀行などのビルが立ち並ぶ道路にそって、ケヤキ並木が続いているのが見える。これが、青葉通りである。

青葉通りの長さは、一・五キロメートルほどで、そこに植えられたケヤキが、四季折々の表情

定禅寺通りの中央分離帯の遊歩道。
定禅寺通りは、道の両側に植えられた２列のケヤキに加えて、中央分離帯にも２列のケヤキが植えられていて、その間に遊歩道が設置されている。

で道行く人を楽しませてくれる。

昭和五三年にさとう宗幸が歌ってヒットした「青葉城恋唄」の歌詞にも青葉通りのケヤキが登場し、この通りの名が世に広く知られるようになった。青葉通りにケヤキが植栽されたのは昭和二〇〜四〇年代で、仙台の復興や発展をずっと見守ってきた。

定禅寺通りは、やはり東西に走る目抜き通りで、県庁や市役所といった官庁街に近い場所にある。

定禅寺通りは、幅四六メートルという広い街路であり、四列のケヤキ並木が植栽されている。道路の中央分離帯は一二メートルもの幅が確保されていて、そこには遊歩道があり、木漏れ日の下で散策が楽しめるほか、コンサートなどのイベントも開かれている。

保全が必要なケヤキ並木

ケヤキは仙台の「市の木」に指定され、その並木は仙台市民から愛されているのだが、大都市の並木ならではの問題も抱えている。

青葉通りのケヤキの樹齢は、ほとんどが四〇~六〇年程度であるが、その一部の樹勢が弱ったことがあった。これは自動車の排気ガスを浴びること、アスファルトに覆われて雨水が地下にしみこまないこと、地中に埋設された下水管や水道管が根の生育を妨げる、といった大都市に特有の環境が原因であるという。

特に、街路樹の根を取り巻く環境は、劣悪なことが多い。根を張る地下空間は狭いし、人に踏みしめられると土壌の通気性や透水性が失われる。このため野生のケヤキにくらべて、都市の街路樹のケヤキの寿命はずっと短い。

また道の両側に大きく育ったケヤキが空を塞ぎ、トンネル状になった並木では、渋滞の際に発生した大量の排気ガスがそのトンネル内に滞留する。この排気ガスは、ケヤキを弱らせるだけでなく、歩行者にも悪い影響を与える。

交通量の多い定禅寺通り。
渋滞が起こるとケヤキ並木のトンネルに排気ガスが滞留し、ケヤキにも人間にも悪い影響を与える。

ケヤキが大きく育つと、木陰や美しい景観をつくるが、新たな問題も生んでしまったのである。

もうひとつ、都市の街路樹にとって問題となるのが地下鉄だ。仙台市は地下鉄が発達しているが、その建設にともなって青葉通りの四〇本余りのケヤキが伐採・移植されたことがある。仙台のシンボルともいえるケヤキを伐ることについては、さまざまな議論もあったという。

今、仙台市は、青葉通りのケヤキ並木を保全する方針を作成し、状況の改善に取り組んでいる。ケヤキの健全度を調査したうえで、倒れる危険のある木を植え替えたり、歩道の舗装を透水性のある素材にしたりするほか、地下埋設物を集約化してケヤキの根の発育を助ける、交通量を削減して排気ガスを減らすといった対策を講じている。その一例として、青葉通りの車線を二車線から一車線に減らし、歩道を広げてそこにケヤキを新たに植える計画だという。

品種改良が進む街路樹

のびのびと枝を広げるケヤキの姿は、じつに気持ちがよいが、一方で街路樹のケヤキが大きくなると、しばしば周囲の電線、電柱、信号、交通標識、街路灯、建物などとぶつかってしまう。大きく育ったケヤキは、落ち葉の量も多く、その処理に関する苦情も多い。このため、一般の街路のケヤキは、強く剪定されることも少なくない。

しかし、このように強く剪定されたケヤキは、見栄えも悪いし、日陰も少なくなってしまう（次ページ写真）。そこで最近では、あまり大きくならないケヤキの品種改良も行われている。

最近造成された新しい道路のケヤキ並木は、あまり横に広がらないスマートな樹形のものが多いが、それは横に広がりにくい遺伝子をもったケヤキを選んで植えているからである。

横に広がらないタイプのもっとも極端な品種が、「ムサシノ」である（18ページ写真）。「ムサシノ」は、「立性ケヤキ」と呼ばれ、竹ぼうきのような縦型の樹形で、横に広がらないので、狭い場所でも植えられるし、剪定に手間がかからない。つまり狭い街路や小さな広場に植えるのに適したケヤキなのである。現在街路に植えられている「ムサシノ」の多くは、埼玉県の日高市に生えていたものを母樹（むさしの一号）として、クローンで増やされてきた品種だ。

こういった横に広がらないタイプの木を「ファスティギアータタイプ」というそうだが、ケヤキのほかにも、サクラ、ハナモモ、ハナミズキ、イチョウなどにも存在し、剪定のコストがかか

強く剪定され、刈り込まれたケヤキ。
見栄えも悪いし、日陰もなくなってしまう。
枝が電線や電話線と接触するのを防ぐために、強く剪定されることもある。

らない将来の街路樹として有望視されている。

自然界では、こういった変わった樹形のケヤキが時々出現しているのだろうが、生き残りに不利なため多数派になれない。それが、街路樹として白羽の矢が立つのはおもしろい。街路樹は、自然界の木のようにほかの樹木と競争する必要はないが、その反面、街路で生きていくためのさまざまな条件を備えていなければならない。その条件を備えた木だけが、街路樹として人間に選

街路に植えられたファスティギアータタイプのケヤキ(ムサシノ)。
横に広がらず、竹ぼうきのような樹形になる。省スペース型の街路樹だ。

ばれ、生き残ることができる。街路樹の世界では、自然界にはない人為的な淘汰によって、人間に都合のよいように進化が行われる。

しかし、こうした人為的に進化させられた「不自然」な街路樹ばかりが街路に増えるのも、さみしい気がする。大きなケヤキが、のびのびと枝を茂らせ、そして長生きできるような街づくりもまた、必要なのではないだろうか。

並木のイルミネーション

落葉樹であるケヤキは、冬の間は葉を落として、枯れたような姿になっているが、仙台市にある定禅寺通りのケヤキ並木は、冬にも人々を楽しませてくれる。

年末の一二月になると、ケヤキ並木はLED（発光ダイオード）電球のイルミネーションによって飾られ、約一〇〇本のクリスマスツリーの並木となって夜空に浮き上がるのである。

並木の樹木をイルミネーションで飾ることは、第二次世界大戦後しばらくしてパリのシャンゼリゼ通りで行われたのが先駆けで、日本では札幌の大通公園が初めて導入したという。並木のイルミネーションは、全国の都市に年々広がっていて、冬の風物詩ともなり、街路樹の新しい利用の仕方として定着しつつある感がある。

仙台のケヤキ並木のイルミネーションは、すでに二〇年以上の歴史がある。

平成二三（二〇一一）年三月の東日本大震災の際には、津波で保管していたＬＥＤ電球が流されてしまったが、その年の冬に新たに電球を買いなおし、また全国各地のＬＥＤ電球を借りて、中止することなくイルミネーションを実施した。震災復興に取り組む仙台の並木でイルミネーションを続けることは、特別な意味があるのだろう。

イベント中は定禅寺通りの一六〇本のケヤキが電飾で輝き、二〇〇万人以上の人がここを訪れる。

ナンキンハゼ

南京櫨
南京黄櫨

ロウが採れるかわいい実が引き起こした騒動とは？

燃えるような紅葉を見せる

ナンキンハゼは、鮮やかな紅葉で人気が高い木である。また、寒さには弱いものの、劣悪な土壌でも育つ、潮風にも耐える、剪定に強い、生長が速いなど、街路樹に向いた性質をもっている。このため西日本の街路ではよく植えられていて、中部、近畿、九州の各地方では街路樹（高木）の本数でベスト一〇に入る。

ナンキンハゼの葉の形は、丸みを帯びた菱形である。秋になると、このかわいらしい葉がとてもきれいに紅葉する。秋のナンキンハゼの葉は、燃えるような赤が美しいだけでなく、緑、黄色、赤、紫と、いくつかの色の組み合わせも美しい（口絵②）。

紅葉が美しいナンキンハゼの葉。
同じ木であっても葉の色はさまざまだ。1枚の葉でも部位によって微妙に色が違うこともある。

例えば、同じ木であっても、枝先の葉が紫や赤に、枝の根元の葉が黄色や緑になっていることがあるし、一枚の葉でも、さまざまな色のグラデーションが楽しめたりする。紅葉の進行とともにその色の組み合わせも変化し、やがて落ち葉となって消えていく。

葉が色づくメカニズム

秋になると木の葉が赤くなったり黄色くなったりするのは、どのようなメカニズムなのだろうか。

葉を黄色く見せるのは、カロテノイドという物質である。秋になって気温が低下すると葉緑素が分解するため、葉の緑色が消えていく。緑が消えると、葉の中に含まれていた黄色の色素であるカロテノイドが目立つようになる。これが黄葉の原理である。

赤を生みだす色素はアントシアンであり、その原料は光合成でつくられ葉の内部にたまった糖である。落葉樹は、冬に備えて葉を落とすために、葉の根元に離層と呼ばれるシャッターのような層を形成して、枝と葉を分断する。離層ができると葉から幹へ運ばれるはずだった糖は、行き場を失って葉の内部にたまる。この糖が、赤いアントシアンに変化するのである。アントシアンがよく合成されるには光が必要なので、光によく当たる枝先の葉は、早く紅葉が始まりやすい。

ナンキンハゼの葉を見ると、紫色の葉もある。葉が紫色になるのは、アントシアンが合成されているのに、葉緑素の分解が遅れているためで、葉緑素の緑とアントシアンの赤が混じって紫色に見えるのだ。

中国から来たロウの採れる木

ナンキンハゼは中国原産の樹木で、中国では古くから種子より脂を採りロウソクの原料にした有用樹である。日本に入ってきたのは江戸時代のことで、現在の中国から長崎を経由して持ちこまれたという。

中国では「烏臼木《うきゅうぼく》」と呼ばれていたが、日本に入ってきた際に、南京（中国）から来たハゼという意味で、ナンキンハゼ（南京櫨）という和名がついた。「ハゼ」は魚の名前ではなく、樹木の「ハゼノキ」のことである。ハゼノキも種子からロウが採れるため、「ハゼ」＝「ロウが採れる木」というニュアンスがあったようだ。ただし、ハゼノキにくらべて、ナンキンハゼのほう

街路に植えられたナンキンハゼ。紅葉の時期には、カメラを構える人も見られる。

が種子中の脂分が多く、ロウも柔らかい。

ナンキンハゼとハゼノキは、ともに紅葉が美しい。しかし、ハゼノキのほうは、街路樹としてはほとんど使われない。その最大の理由は、ハゼノキの樹液にはウルシチオールというかぶれの原因になる物質が含まれるからだろう。

一方、ナンキンハゼにはハゼノキに含まれるような強いアレルギー物質はない。ハゼと名がついているが、トウダイグサ科であってウルシの仲間（ウルシ科）ではない。

だからこそナンキンハゼは街路樹として使われているのだろう。

脂っこい種子は鳥に人気

ナンキンハゼの実は丸みを帯びていて、冬になると黒い殻が割れて三つの白い種子が姿を現す。白い種子は落葉後も枝に残り、虫などの餌の少ない時期に鳥たちの重要な食料になっている。

この種子の外見は白いのだが、表面をナイフで削ってみると、白い脂分（ロウ物質からなる仮種皮）がこそげ落ちて、その下に黒い種子の本体が現れる。つまり白い脂分が、黒い種子を包んでいるのである。脂分は、表面（仮種皮）だけでなく、内部にも豊富にある。

カロリーの高い脂っこい実は、鳥にとって大切な食料である。ナンキンハゼの実を飲みこんだ鳥は表面の脂肪だけを消化し、種子は糞やペリット（吐き戻し）と一緒に散布してくれる。脂分は鳥への報酬ということになる。

とはいえ、その実を食べる鳥がすべて種子を散布してくれるわけではなく、カラス、ヒヨドリ、ムク

ナンキンハゼの実。
秋になると黒い殻が割れて、白い種子が現れる。種子には脂分が豊富に含まれる。原産地の中国では、種子から脂を採り、ロウソクの原料としていた。

ドリといった鳥は種子を散布するが、キジバトは種子まで割って食べてしまうので種子を散布しないし、スズメ、カワラヒワ、シジュウカラなどの鳥は、種子表面の脂分だけを食べて飛び去ってしまうので、やはり種子散布はしないという。

しかし、それでも、ナンキンハゼの種子を散布する鳥は多いとみえて、親の木からそれほど遠くない河原や空き地にナンキンハゼの幼木が生えてくることがある。

春日山では逸出《いっしゅつ》が問題となる

ナンキンハゼが街路樹として最初に植えられたのは長崎市で、昭和初期のことである。現在でも、長崎市にはたくさんのナンキンハゼの並木があり、「市の木」にも制定されている。シカで有名な奈良公園でも、昭和初期にナンキンハゼがたくさん植えられた。奈良公園には、大木となったナンキンハゼが数十本残っていて、紅葉の時期には熱心にカメラを構える人もいる。

しかし近年では、このナンキンハゼをめぐって、「逸出」という問題が生じている。

奈良公園にほど近い場所に、春日山原始林という森がある。この森は、おもにシイやカシといった常緑広葉樹（照葉樹）によって構成され、一〇〇〇年以上にわたり、ほとんど人の手が入らなかった原始林である。日本ではこのような人の手が加わらない自然の森はほとんど残っておらず、その価値の高さから特別天然記念物に指定されている。

ところが、その春日山原始林に、本来自生していないはずのナンキンハゼが増えつづけているのである。

ナンキンハゼは、陽光を必要とする木なので、暗い森の中では育たない。ところが、昭和三六（一九六一）年の第二室戸台風の際に、大木が数多く倒れ、その跡地にギャップ（日光の差しこむ空き地）ができてしまった。そこに、ナンキンハゼが侵入しはじめた。その種子は奈良公園のナンキンハゼから運ばれたもので、運んだのはもちろん鳥である。

冬になって葉が落ちても、枝に残っているナンキンハゼの白い種子。脂分が多いので鳥たちにとってはごちそうだ。鳥が種子を散布し、九州や近畿地方では野生化している。

その後も、樹木の天敵ともいうべきシカがナンキンハゼの葉を嫌って食べないこともあり、増えつづけてきたのだ。最近では山焼きで知られる若草山でも繁殖が目立つという。

逸出とは、その場所に自生しない、人為的に持ちこまれた植物が、目的外の場所に繁殖することで、きわめて貴重な原始林である春日山では、その植生を変えてしまう可能性が指摘され、議論となっている。

ナンキンハゼは、九州をはじめ各地の河原などに逸出しているが、春日山ほど問題視されていない。春日山の場合は、森林の価値が非常に高いことから重大な問題だとみなされているようだ。

どんなに美しい樹木でも、植えてはいけない場所があるということだろうか。

イチョウ

銀杏

全国植栽本数ナンバーワンに君臨する街路樹のエリート

落ち着いた雰囲気のイチョウ並木

港町横浜にはきれいな並木がいくつもあるが、よく知られているのが横浜港の近くにある日本大通りのイチョウ並木である。

日本大通りは横浜公園から海に向かって延びる約四〇〇メートルの通りで、沿道には神奈川県庁など歴史的建造物も立ち並ぶ。日本大通りが海につきあたる場所には波止場があって、その周辺は象の鼻パークと呼ばれる公園となっている。その波止場は、かつてペリーが上陸した場所で、ここから日本の近代化が始まったのである。

日本大通りの歩道には、合計六五本のイチョウが植えられている。イチョウは、まっすぐな幹

横浜市中区にある日本大通りのイチョウ並木。
道幅が広く、ゆったりとした印象を与える通りである。左側の塔は神奈川県庁、つきあたりは海。

を伸ばして、円錐形の樹冠をつくり、大木になる木である。樹齢を重ねて風格を備えたイチョウは広い通りにふさわしく、落ち着いた歴史的な建物にもよく似合う。

日本大通りのイチョウ並木は、平成二三（二〇一一）年に「景観重要樹木」に指定されている。景観重要樹木とは、景観法に基づいて、すばらしい景観をつくりだしている樹木に指定されるもので、維持保全が義務づけられる樹木である。つまり、このイチョウ並木は保全する価値があると公に認められた並木なのだ。

このイチョウ並木がもっとも美しいのはやはり秋だろう。秋になると、日本大通りのイチョウは黄金色に輝く（口絵④）。イチョウの葉は、決して赤くはならないが、その代わり鮮やかな黄葉を見せてくれる。それがイチョウの最大の魅力だろう。

日本大通りは、その道幅が約三六メートルもある広い街路である。歩道の幅も広いので、イチョウ並木もゆったりとした印象を与えるし、並木の下の歩道にオープンカフェが設置されたり、イベントが行われることもある。

道幅が広いのは防火帯だったため

日本大通りは、なぜこれほど幅広いのだろうか。この通りが広いのは、そこが防火帯だったからである。

幕末の安政六（一八五九）年に開港した横浜は、外国との貿易によって大きく発展していった。しかし、慶応二（一八六六）年に横浜の中心部の三分の一を焼失する「豚屋《ぶたや》火事」と呼ばれる大火が発生した。今の日本大通りの南東側には、外国人居留地が存在していたのだが、この大火を契機に、日本人町と外国人居留地とを明確に分ける機能をもち、かつ外国人居留地を火災から守る防火帯としての街路を造ることになった。そして、明治一二（一八七九）年に完成したのが日本大通りである。

完成した当初の日本大通りは、幅一二メートルの車道を挟んで、車道の両側に幅三メートルの歩道と、幅九メートルの植樹帯があり、合計すると幅三六メートルになる広い道路であり、日本初のマカダム（砕石）舗装が施された、画期的な西洋式道路であった。

日本大通りの設計を行ったのは、英国人のR・H・ブラントンである。ブラントンは明治の初めに日本に招聘されたいわゆる「お雇い外国人」で、日本各地の灯台や横浜公園の設計を行った技術者である。

このとき造られた植樹帯は、どちらかというと道路に面した家屋の前庭のような姿で、植えられた木もイチョウではなかった。ここにイチョウが植えられたのは、大正時代末に起きた関東大震災の後である。

瓦礫《がれき》の上に植えられたイチョウ

関東大震災の被害は東京でよく知られているが、横浜の震度は東京よりもむしろ大きく、横浜も壊滅的な被害を受けた。横浜の市街地では、建物は倒壊し、火災に焼きつくされ、瓦礫の原野と化したのである。

震災で緑が極端に少なくなった横浜の市街地には、街路樹により緑を確保しようと、六五〇〇本の街路樹が植えられた。現在見られる日本大通りのイチョウ並木は、震災からの復興事業の一

関東大震災から復興した昭和初期の日本大通り。
まだ植えられてまもないイチョウが見える。イチョウは病虫害、大気汚染、剪定などに対して強いため、東京や横浜の重要な道路に植えられた。（横浜開港資料館蔵）

環として昭和四（一九二九）年頃に植えられたものである。

　当時、東京や横浜でよく植えられた街路樹は、一般の街路ではスズカケノキ（プラタナス）、重要な街路ではイチョウであった。横浜では、震災の復興期に植えられたイチョウ並木としては、日本大通りのほかに、山下公園に面した海岸通りのイチョウ並木がある。

　イチョウが重要な街路に植えられたのは、病虫害、大気汚染、剪定などに対して非常に強く、都市の街路においても生育がよかったからだ。

　平成八年に日本大通りの地下に駐車場を造ることになり、その調査のためにイチョウ並木の地下を掘削したことがあった。すると、地下一メートルのところから、大量の「震災瓦礫」が出てきた。震災で焼け野原となった横浜の中心地は、瓦礫の上に土を盛って、再建された街なのである。ちなみに氷川丸がある山下公園も、関東大震災で発生した瓦礫で海を埋め立てて建設した公園として知られている。

日本大通りのイチョウ並木は、車の排気ガスを吸い、人や車に根を踏まれながらも、瓦礫の上の盛土に根を張って八〇年余りを生きてきたことになる。

街路樹の優等生

イチョウは、全国でもっとも多い街路樹である。街路樹として全国に植えられているイチョウの本数は、五七万本に達するという（二〇〇七年調べ）。しかも、ここ約四〇年間にわたり植栽本数で全国首位の座に君臨してきた、まさに街路樹のエリートともいえる木なのである。イチョウの並木は大都市のメインストリートにも多く、神奈川県、東京都、大阪府では、「都道府県の木」に指定されている。

都市部でイチョウがよく植えられる理由は、樹形のよさや、黄葉の美しさもあるが、なんといっても「強い」からだ。イチョウは、刈り込みや公害、病原菌や害虫に強く、踏まれることにも耐えて長寿であった。きわめて都市の街路樹に向いていたのである。

イチョウは、崩れた土砂に埋まっても生き延びたとか、幹が焼け焦げても再生したとか、その強い生命力を示す逸話は数多い。考えてみれば、イチョウは「生きた化石」とも呼ばれる古いタイプの木で、二億年も前から奇跡的に生き延びている木である。二億年もの間には、天変地異が何度もあったはずで、タフでなければ生き残ることはできなかっただろう。

大正12年の関東大震災で焼け野原になった都心で生き残った「震災イチョウ」。東京都千代田区の皇居の濠端にある。

街に似合う樹木

しかし一方で、現在の地球では野生のイチョウはほぼ絶滅に近い。イチョウは、一〇〇万年ほど前までにほぼ絶滅し、中国でわずかに生き残ったものが人為的に増やされて世界各地に植えられている木である。日本には平安時代~鎌倉時代に中国から持ちこまれ、寺院や神社を中心に植えられてきた。

すでに日本に移入されてから相当の年数がたち、しかも街路樹としても大量に植えられているにもかかわらず、イチョウが野生化して山野に増えたという逸出の事例はほとんどない。ギンナンを土に植えれば正常に育つので、イチョウの子孫が山野に増えない最大の理由は、種子であるギンナンを散布する動物が少ないためなのかもしれない。自然界では、個体としていくらタフであっても、子孫を残せなければ種《しゅ》としては絶滅に向かってしまうのだろう。しかし、人間界の街路樹としてみれば、勝手に繁殖しない、行儀のよい樹木ということになる。

日本に近代的な街路が生まれて一五〇年近くがたとうとしているが、その緑化においてもっとも働いてきたのがイチョウであり、また今後もそのずば抜けた人気は続くだろう。イチョウは、街にもっとも似合う樹木なのである。

イチョウの葉の活用法

イチョウは、オスの木とメスの木に分かれていて、ギンナンはメスの木にしかならない。

イチョウは雌雄の区別がつきにくい木であるが、剪定されていないイチョウならば枝の垂れ具合によって雌雄の区別ができるそうだ。樹冠の頂部の枝が水平か斜め下に垂れていれば雌株、斜め上に立ち上がっていれば雄株だという。もちろん秋になれば雌株には大量のギンナンが実るので、一目で区別できるようになる。

ギンナンは、炒って食べても、茶碗蒸しに入れてもおいしい。

大阪でもっとも有名な御堂筋のイチョウ並木では、メスの木が約三分の一を占めていて、秋になるとたくさんのギンナンがなる。かつての御堂筋では、ギンナン拾いがイベントになるほど人気があった。

しかし今は、歩道に落ちたギンナンはその悪臭のためにむしろ嫌われ者である。このため、現在の御堂筋のイチョウ並木では、病気などで植えかえる際に、オスの木だけを植えるようにしている。

イチョウは落葉樹であり、秋になるとオス、メスを問わず黄色くなった葉が大量に落ちる。これも時に沿道の住民からの苦情の対象となる。イチョウの葉は分解しにくいため堆肥に使われることはほとんどない。

しかし、じつはイチョウの葉には優れた用途が存在する。それは薬である。イチョウの葉にはフラボノイドやテルペノイドなどの成分が含まれていて、痴呆症の改善、記憶力の強化、老化の防止、脳梗塞や動脈硬化の予防などに効果がある。

そこで、イチョウの葉から、フラボノイドやテルペノイドなどの有効成分を抽出したイチョウ葉エキスが、ヨーロッパで医薬品として利用され、日本でもいわゆる健康食品として流通している。

ただし、ギンナンには、ビタミンB_6の働きを阻害するギンコトキシンという物質が含まれるため、たくさん食べると食中毒を起こすし、イチョウの葉にはギンコール酸（ギンナンの皮に多く含まれ、かぶれの原因になる物質）が含まれるため、そのままお茶などにして飲むとアレルギーを起こす可能性がある。
イチョウは街路樹としては優等生といっていい木だが、その実や葉は、薬にも毒にもなるといっていいだろう。

ソメイヨシノ

染井吉野

街路樹としては欠点だらけ。でも大人気のわけは？

北上川のサクラ並木

東北地方では、東京から半月から一カ月ほど遅れてサクラの見頃がやってくる。東北のサクラの名所としては、秋田県の角館、青森県の弘前、岩手県の北上展勝《きたかみてんしょう》地《ち》といった場所が有名で、これらの名所のサクラを追いかけるツアーもさかんだ。

北上展勝地は、岩手県の北上市にある公園で、北上川にそって約二キロメートルにわたり五〇〇本ほどのサクラが植えられている。この並木はソメイヨシノを主とし、その植栽は大正時代の末に遡るという歴史をもつサクラ並木である。

関東ではすでにサクラのシーズンが終わる四月下旬からゴールデンウイークにかけて、圧倒さ

北上展勝地のサクラ並木。約2kmにわたってソメイヨシノが植えられている。（提供：北上市）

れるようなサクラのトンネルが楽しめる。

この並木は、「日本さくらの会」が選んだ「さくら名所一〇〇選」にも選ばれていて、開花シーズン中には五〇万人もの観光客で賑わうという。この数字を聞くと、サクラの人気がいかに高いかがわかる。

絢爛たる花の魅力

サクラは、街路樹の中では、非常にポピュラーな木だろう。全国に植えられている街路樹の中で、サクラ類はイチョウに次いで二番目に多い。

イチョウは管理しやすい街路樹であるが、春にきれいな花を咲かせるという魅力はない。

サクラ類は、葉が虫に食われやすい、剪定

時に菌が入りやすい、横に広がりやすい、根が踏みつけに弱い、根が路面を持ち上げるなど、管理するうえでは欠点が多い木である。しかしそれでもよく植えられているのは、春に絢爛たる花を咲かせるからだろう。

サクラといってもさまざまな種があるが、日本のサクラ並木の代表といえば、ソメイヨシノがあげられるだろう。ソメイヨシノは葉の出ないうちに花が咲き、並木の花が一斉に咲くので、満開になると壮観である。そして散り際も、風に一気に散って桜吹雪が舞う。

ソメイヨシノは、川辺にもよく植えられている。都市によくあるコンクリートで固められた殺風景な河川であっても、サクラ並木があると少しは和やかな景観に変わる。サクラのほうも、堤防や川岸に植えられれば、のびのびと横に幹や枝を伸ばすことができる。満開の花が水面に映る姿や、散った花弁が流れに浮かぶさまは、水辺のサクラ並木ならではの魅力である。

ソメイヨシノはなぜ一斉に咲くか

ソメイヨシノが一斉に咲くのは、接ぎ木で増やしたクローンだからだ。全国には厖大な本数のソメイヨシノが植えられているが、それらのルーツはたった一本の木である。ソメイヨシノのルーツは、オオシマザクラとエドヒガン（あるいはその園芸種）の雑種であると考えられている。全国のソメイヨシノはその親の木から採った枝を、接ぎ木で増やしてきたものである。

このようなクローンは、お互いに同じ遺伝子の構成をもっているため、同じ気候や土地条件ならば開花日にバラツキが少ない。だから、ほとんどの地方で、同じ街のソメイヨシノは一斉に咲くのである。

ソメイヨシノの開花状況は、気象庁が観測している。各地の気象台の近くにはソメイヨシノの標本木があり、その標本木で五～六輪以上の花が開けば開花日とするそうだ。

ソメイヨシノは、開花している期間が一〇日ほどと短い。そして緯度や標高に応じて一斉に咲いていくので、開花日が等しい地点を結んだ線（実際は帯）は、いわゆる桜前線となって日本列

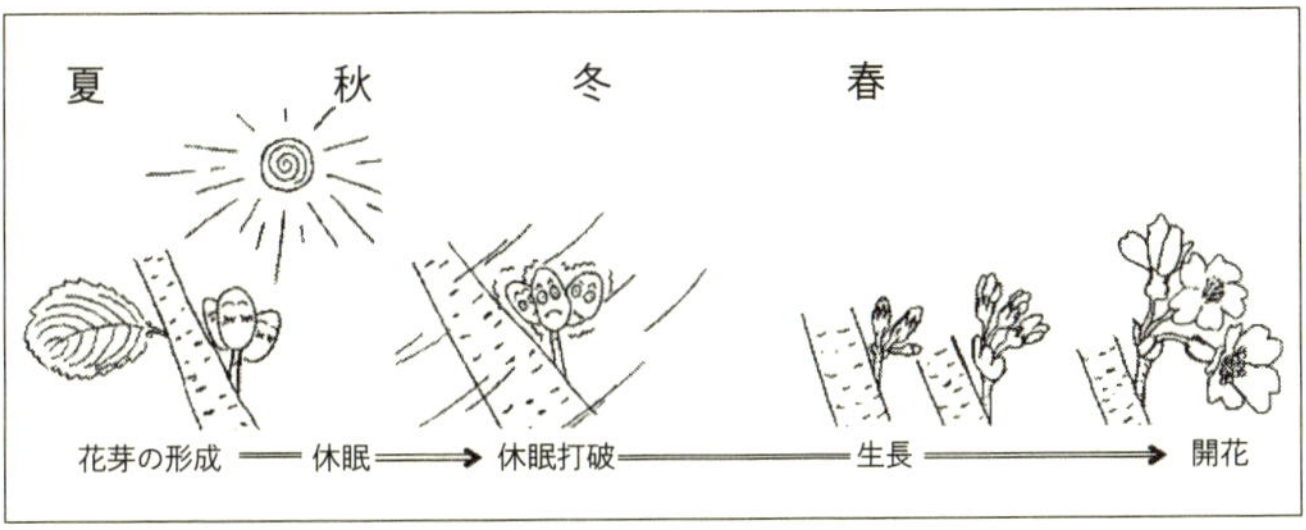

ソメイヨシノの開花までのプロセス。
夏の間に翌年の春に咲かせる花の芽（つぼみ）をつくり、夏の終わりに休眠させる。秋の間、休眠した花芽は、冬の寒さにさらされると目覚めはじめ、その後、春先の気温の上昇とともに花芽が生長して、開花する。（「新しいサクラの開花予想（気象庁解説資料第24号）」〈気象庁発行〉より転載）

島を北上していく。ただし、大都市の中心部ではヒートアイランド現象の影響で、周囲の地域よりも開花が早まることがある。

ソメイヨシノのクローンは日本列島のほとんどの場所に植えられているので、その開花の情報は、気象や気候の変化などを把握するのに役に立っているのである。

サクラが春に咲くメカニズム

全国にはサクラ並木のある商店街がたくさんあるが、開花に合わせて「桜祭り」などのイベントを開こうとする場合、気になるのが開花予想である。サクラの開花日は年によって異なるからである。

サクラがいつ開花するかは、どうやって決まるのだろうか。ソメイヨシノの場合、以下のようなスケジュールで、花を咲かせるのである（図）。

まず、夏の間に翌年の春に咲かせる花の芽（つぼみ）をつくる。

次にその花芽を夏の終わりに休眠させる。

秋の間、花芽はぐっすりと休眠しているが、冬の寒さにさらされると休眠が打破され、目覚める。

その後、春先に気温が上がると徐々に花芽が生長して、開花するのである。

これは、いわばサクラのもっている「暦」である。サクラが、毎年春になるときまって花を咲かせるのは、彼らが自分の暦に従って、一年の間、周到な準備をしてきたからだ。

開花の時期は、その年の気象条件によって、早い年もあれば、遅れる年もある。それは、花芽の休眠解除や生長のタイミングが、気温によって左右されるからだ。

サクラの開花日を決めるもっとも重要な条件は、「春先の暖かさ」である。例年より春先に暖かい日が多ければ、その年は早く開花する。春先に暖かいと花芽の生長が速いためである。

ただし、「冬の寒さ」も、開花日を決める条件のひとつである。休眠した花芽は冬の寒さで覚醒するため、例年よりも暖冬で冬の寒さが足りないと休眠がきちんと解除されず、その後の花芽の生長も遅くなり、開花が遅くなってしまうのだ。

早まっている開花日

この五〇年間で、ソメイヨシノの開花は、本州で四〜五日程度早くなっている。ソメイヨシノの開花が早まったのは、おもに春先の気温が高くなっているからだ。春先が暖かいと、花芽の生長が促進され、早く開花するのである。植物が気候の変化に正確に対応していることに驚かされる。

しかし一方で、暖冬の年に、開花が遅れる地域もある。温暖な地域では、冬の寒さが足りないと、開花時期が遅くなったり、満開にならなかったりする。これは、休眠がきちんと解除されず、順調に花芽が生長しないからである。実際に、暖冬であった昭和五四（一九七九）年には、温暖な八丈島や種子島のソメイヨシノは開花が遅れたり満開にならなかったし、本州でも開花が遅れた地域もあった。

同じ理屈で、ソメイヨシノを沖縄に移植しても、うまく咲かない。これは、冬の寒さが足りず、休眠が解除されないためである。沖縄ではソメイヨシノのかわりに、カンヒザクラ（寒緋桜）が、気象庁の標本木として使われている。

現在の桜前線は、鹿児島から北限の札幌まで、一カ月以上かけて北上する。

しかし、もし将来気候の温暖化が進むとどうなるだろうか。例えば、東北や北海道南部などの冷涼な地域ほど、春の温暖化の影響を受けて開花が早まることが予想されている。そうなると、各地の開花日が接近し、桜前線の速度がより速まる時代が来るかもしれない。

秋に咲くサクラたち

ソメイヨシノは春に咲くはずなのだが、時には秋に咲いてしまう場合もある。サクラの花芽は、秋や冬に咲いてしまわないために休眠するのであるが、うまく休眠できない場合、秋に咲いてしまうのだ。

例えば、ソメイヨシノが夏の終わり頃に葉を大量に虫に食われたりすると、秋に花を咲かせることがある。いわゆる「返り咲き」である。

これは、花芽を休眠させるホルモンが葉で生成されるため、アクシデントによって葉が失われると、花芽を休眠させることができなくなるためだ。

また、もともと春以外の季節に咲くサクラもある。

例えばジュウガツザクラ（十月桜）やシキザクラ（四季桜）のように、秋と春に二度咲いたり、秋から春にかけて断続的に咲くサクラだ。彼らは落葉の時期が早いようなので、一部の花芽は休眠せずに秋や冬に咲いてしまうのかもしれない。

ネパールなどに分布するヒマラヤザクラは、秋にだけ花が咲くサクラである。ヒマラヤザクラは、秋に落葉した直後に花を咲かせ、新たな葉を開き、果実を生長させる。冬になっても休眠しないか、ほとんど休眠せずに活動するのである。ヒマラヤザクラの生育地は夏と冬の温度差が小さく冬でも温暖な地域であり、冬に休眠する必要がないのだろう。

カンヒザクラは、台湾や中国が原産の早咲きのサクラで、温暖な沖縄ではよく植えられている。沖縄では本州とは逆に、標高の高い（より寒い）場所から、標高の低い（より暖かい）場所へと、順に咲いていく。

人気の高い早咲きのサクラ

春というより、まだ冬の終わり頃に咲く早咲きのサクラもある。

例えば、カンヒザクラ（寒緋桜）である。カンヒザクラは、沖縄では一月下旬に、東京では、三月上旬〜中旬に咲く。カンヒザクラは、台湾や中国が原産のサクラで、沖縄ではよく植えられている。一般のサクラのイメージとは異なり、カンヒザクラの花弁はつり

静岡県河津町のカワヅザクラ並木。
ソメイヨシノと出自が似ていて原木は１本の木である。その多くは、原木の枝から接ぎ木で増やされてきたものだ。

鐘状で、緋色の花をつける。

このカンヒザクラを片方の親としてもつのがカワヅザクラ（河津桜）である。

伊豆半島の南端に近い、静岡県河津町の河津川ぞいにはカワヅザクラのみごとな並木があって、毎年、二〜三月には一〇〇万人以上の花見客が訪れる。カワヅザクラの花は華やかなピンク色であるうえに、早咲きで、開花期間も長いので、人気が高いのだ。

カワヅザクラは、カンヒザクラとオオシマザクラが自然に交雑してできた雑種で、河津川の近くに生えていた若木を地元の人が見つけ、接ぎ木で増やしたクローンである。

カンヒザクラやカワヅザクラなどの早咲きの桜は、休眠が浅い（目覚めが早い）か、休眠しない性質であるようだ。目覚めが早ければ、花芽を速く生長させることができ、早く咲くことができるのだろう。

サクラの中には春に咲かないものもあるが、日本のサクラのほとんどは春に花を咲かせる。それはおそらく、種子の生長には暖かい季節のほうが適していることに加えて、春に花を咲かせたほうが虫に多くの花粉を運んでもらえるからだろう。

春を共有させてくれる木

咲きはじめたソメイヨシノの花を見ると、「もうサクラの季節か……」と思う。そう感じるのは、年齢のせいかもしれない。誰でも年齢を重ねると、一年がたつのが、年々早くなる。ましてや、忙しい人は、あっという間に一年が過ぎ去っていく印象があるだろう。

一年という時が流れる速さの感覚は人によって異なるので、一年を長く感じる人もいれば、短く感じる人もいる。

人々の意識の中に、一年の長さの感覚が生まれるのは、暦によって一年という単位が区切られるからである。人が一年の区切りと感じる時期は、正月だったり、春の学期や年度の変わり目、あるいは誕生日であったりするだろう。しかし、近頃の社会は、一年の区切りが、あまり明確でなくなってきているような気がする。正月の三が日も休まない店が多くなったので、正月といっても街の様子が普段とあまり変わらなかったりする。一年の中で、誰もが共有できる節目のようなものが、少なくなってきているのかもしれない。

それでも毎年春になると、サクラの話題は私たちの日々の挨拶にも登場するようになる。ソメイヨシノの開花は波のように押し寄せて、あっという間に過ぎ去っていく。その波で多くの人が春の訪れを実感し、ともに喜びを語る。

ソメイヨシノは外見や開花時期が画一的なので好まないという人もいるが、ソメイヨシノほど全国に大量に植えられ、一斉に咲く木は、ほかにはない。ソメイヨシノは私たちに春を共有させてくれる木なのである。

キョウチクトウ

夾竹桃

好き嫌いが分かれる、美しくて毒のある木

強い毒が全身にある

キョウチクトウ（夾竹桃）は、夏から秋に赤や白の目立つ花をつける常緑の低木で、高速道路の路肩や、工場の周りの街路によく植えられている。夾竹桃という名の由来は、葉が竹に似て細長く、花が桃に似ており、竹と桃を併せたような木だからだという。原産地はインドで、江戸時代の中頃に日本に渡来した。

キョウチクトウは、有毒植物である。キョウチクトウの毒の成分はオレアンドリンなどの物質で、その毒性は強く、葉などを食べると、嘔吐、不整脈、めまい、ひどい場合には心臓まひを起こす。毒の成分は全身に含まれ、樹液や花の蜜も有毒である。人間にも死亡例が報告されているが、中毒の事例は家畜に多い。キョウチクトウにとって、毒は、虫や動物といった食害者に対する防衛手段である。全身を毒で武装しているわけである。

キョウチクトウの毒は強いが、枝葉に触ったくらいでは人体に影響はなく、葉などを食べさえしなければ、庭に植えても取り立てて問題のある木ではない。

ただし、剪定した際に出る樹液に触れると皮膚炎を起こしたり、剪定枝を燃やしたときに出る煙を吸いこむと、中毒を起こすことがあるので、注意が必要だという。

また、山野を歩いていて野生のキョウチクトウを見かけることはまずない。というのも、キョ

キョウチクトウの花。
キョウチクトウはインド原産の外来種で、花は美しいが全身に毒がある。

葉は竹のように細長くとがっている。

樹液にも毒があり、触れると皮膚炎を起こすことがある。

首都高速道路に植えられているキョウチクトウ。
大気汚染に強いため、高速道路にはよく植えられている。首都高速道路では、路肩にもっとも多く植えられている木である。

ウチクトウは、健全な種子ができにくい木だからである。

したがって、日本では挿し木で増やされたものが生垣や庭などに植えられるものの、自然に大繁殖して、山野に増えるということはないのである。

大気汚染にも耐えるタフな木

高速道路を走っていると、その路肩に鮮やかな赤い花をつけたキョウチクトウが植えられていることがある。キョウチクトウは東京の首都高速道路では、路肩にもっとも多く植えられている木である。

高速道路に植えられる最大の理由は、二酸化硫黄などの大気汚染物質に強いからである。

大気汚染に強い性質は、工業地帯の街路でも生かされていて、例えば、かつて大気汚染が激しかった時代には、神奈川県川崎市などの京浜工業地帯や京葉工業地帯ではずいぶん植えられた。

キョウチクトウはタフな木である。原産地のインドでは河原のような土地に生えており、乾燥や洪水など過酷な環境に耐えて生き延びてきた。

京葉工業地帯（千葉県習志野市湾岸部）のキョウチクトウ。
公害が激しかった時代には、工業地帯に大気汚染に耐えられるキョウチクトウがたくさん植えられた。

住宅地のキョウチクトウ（千葉市）。
キョウチクトウは塩害に強く、千葉市では有毒性をよく認識したうえで緑化樹としてよく植えられており、「市の花木」にも指定されている。

日本の街路でも、真夏の暑さによく耐えるし、剪定にも強い。挿し木でも簡単に増える。

また、塩分にも強く、昭和二五（一九五〇）年のジェーン台風の際には、高潮で一部が浸水した兵庫県の尼崎市で、何日も海水につかりながらも生き延びて花を咲かせた。

キョウチクトウは、原爆によって焼け野原となった広島にいちはやく花を咲かせた木でもあり、尼崎市や広島市の「市の花」となっている。

好き嫌いが分かれる木

しかし、「キョウチクトウの木は好きですか」と聞かれたら、意見が分かれるのではないだろうか。

きれいな花を咲かせるわりには、キョウチクトウを嫌う人も少なくない。その理由は、やはり毒があるからだろうが、このほかにも、花が毒々しいだとか、公害の象徴だとか、はては縁起が悪い、といった偏見に近い理由も耳にすることがある。有毒であることや、あまりに生命力が強いことが、不気味な印象を与え、悪いイメージが広がっていったのかもしれない。

一時、キョウチクトウの花粉が喘息の原因であるという説が流布したことがあるが、キョウチクトウは虫媒花で花粉も少ないので、この説には疑問があるという。

福岡市の小学校では、校庭に植えていたキョウチクトウの毒性が問題となり、伐採するかどうかでもめるという騒動があったし、長崎県の佐世保市は、かつてはキョウチクトウを「市の花」に指定していたのだが、毒があることが問題となり、カノコユリに変更してしまったという。

街路樹や公園の管理者としては、毒のある木を植えることには躊躇があるだろう。実際にキョウチクトウは、高速道路など特殊な街路を除き、一般の街路や公園にはあまり植えられない木である。かつて、緑化のためにたくさんキョウチクトウを植えた川崎市でも、最近は毒を理由に公園や街路にはほとんど植えられなくなった。

毒を制して生き延びる虫たち

毒を恐れる人間を尻目に、キョウチクトウをまったく恐れない生き物もいる。例えばアブラムシだ。

キョウチクトウを剪定すると若い枝葉が伸びてくるが、そこに黄色いアブラムシが群れをなして発生することがある。このアブラムシは、キョウチクトウアブラムシといわれる虫で、キョウチクトウの樹液を吸って生きているのである。しかし、キョウチクトウの樹液には毒が含まれている。彼らは毒に当たらないのだろうか。

彼らは、キョウチクトウの毒を体の一部に閉じこめる能力をもっている。このため、毒に当たらずに、生きていけるのである。

それだけではない。彼らは体内に蓄積した毒を逆手にとって天敵からの防御に役立てている。わざわざ体の色を目立つ色（体のほとんどが黄色で、脚や触角が黒）にして、「私を食べると痛い目に遭いますよ」と虫や鳥に警告し、餌食となることから逃れているわけである。

一般にアブラムシ類の代表的な天敵は、テントウムシだ。キョウチクトウアブラムシを食べたテントウムシの多くは、毒に当たって死んでし

キョウチクトウアブラムシ

まうのだが、中には食べても平気な種類のテントウムシ（ダンダラテントウ）もいる。やはり解毒できるタイプのテントウムシであって、これがキョウチクトウアブラムシの大繁殖を防いでいるという。

キョウチクトウが日本に入ってきてわずか数百年だが、すでにいくつかの昆虫がキョウチクトウの毒に適応し、これを生活に役立てている。キョウチクトウもたくましいが、虫たちはさらにたくましい。

ハナミズキ

花水木

人気が急上昇した日米友好のシンボル

記念樹として人気が高い

ハナミズキは、庭木や街路樹、あるいは公園樹としてとても人気のある木である。

ハナミズキがよく植えられる最大の理由は、その花にあるだろう。花の時期は四～五月で、葉が出そろう前に白く輝く花が咲くのでよく目立つ（口絵⑤）。また、赤い花をつけるタイプもある（口絵⑥）。花だけでなく、水平に伸びる枝の形もよいし、初秋に早々と始まる紅葉や、艶のある赤い実も楽しめる。

ハナミズキは北米原産の木であり、「新しい」「西洋風」「都会的」といったしゃれたイメージのある木だ。日本には、ハナミズキに外見も花もよく似ているヤマボウシという木があるのだが、こちらにはそれほどしゃれたイメージはない。やはり国産だからだろうか。

鑑賞面での美しさや、おしゃれなイメージのためか、記念樹として、庭や、学校、職場に植えられることが多い。誕生日、卒業式、結婚式など、人生の節目に記念として植えたハナミズキは、毎年花が咲くたびに、大切な思い出を呼び覚ましてくれるだろう。

ハナミズキの花。
白い花弁に見えるものは葉の変形したもの（苞）。花粉を運んでくれる虫たちを呼ぶために、よく目立つ。庭木としても人気の高い木である。

ハナミズキの花の中心部分。
小さな花が集まっていて、アリが蜜を吸っている。本物の花弁は黄緑色で4枚ある。やがて、ひとつひとつの花の雌しべがそれぞれ果実になる。

輝く白い花の理由

ハナミズキの花弁（に見えるもの）は、じつは花弁ではなく、「苞《ほう》」と呼ばれるものである。苞とは花を包む小型の葉である。

そもそもハナミズキの苞は、花粉を運んでくれる虫をおびき寄せるために特別につけているものだ。では、本物の花弁がどこにあるかというと、花の中心部にある。虫眼鏡で見ると、花の中心部にさらに小花がたくさん集まっていて、その小花には四枚の花弁がある。この本物の花弁は、

ハナミズキの冬芽（花芽）。
冬には、4枚の苞が、しっかりと花芽を包んでいる。

ハナミズキの苞が開きはじめたところ。
花芽を包んでいた4枚の苞を生長させて花弁のかわりに使う。

黄緑色である。

ハナミズキの苞の色は、輝くような白である。人はその白がもつ爽やかさに惹かれる。

しかしこの白は、虫たちには少し違った色に見えているらしい。というのも、ハナミズキの苞には、紫外線を反射するフラボンあるいはフラボノールという物質が混じっていて、紫外線を反射している。人間と違って、昆虫は紫外線を認識できるので、虫たちにとって白い花は人が認識するよりもずっと鮮やかに見えているらしい。

ハナミズキの花には蜜を吸おうとさまざまな虫がやってくる。

ハナミズキは北米から日本に持ちこまれた「外来種」であるが、樹木はどの土地へ行っても、ただひたすらに子孫を残そうとする。日本の虫も、木の国籍など問わずに花粉を運び、鳥もその実を食べて種子を散布する。

国際親善の使者となる

ハナミズキの花ことばは、「私の思いを受けてください」「公平にする」そして「返礼」である。

ハナミズキが日本に植えられるきっかけとなったのは、大正時代に米国からプレゼントされたことだった。これは、明治四五（一九一二）年に、日本が親善のため米国の首都ワシントンに贈ったサクラの返礼として贈られたものである。サクラを贈ったのは、当時東京市長であり、「憲政の神様」と呼ばれた尾崎行雄であった。ハナミズキは、今も国際親善のシンボルとなっているが、それはこの出来事に負うところが大きい。

ただし、日米間の樹木の交換は、すんなりといったわけではない。東京市が首都ワシントンに

国会議事堂の隣にある憲政記念館の庭に植えられているハナミズキ。昭和35年に米国政府から親善のために寄贈されたものである。

贈った二〇〇〇本のサクラの苗木は、じつは病気にかかっており、米国に届いたものの焼却処分されてしまった。このため、東京市はもう一度健全なサクラの苗木を育てて、数年後に贈りなおしたのである。

日本に贈られたハナミズキにも、厳しい運命が待っていた。米国から贈られたハナミズキの一部は、戦時中に敵国から贈られた木ということで伐られてしまったという。生き物を贈ることには、難しい側面がともなうようだ。

しかし、戦争が終わり昭和三五（一九六〇）年になって、国会議事堂のそばに、尾崎行雄の功績を顕彰する「尾崎記念会館（現・憲政記念館）」が建てられた際には、その庭に米国政府からあらためて寄贈されたハナミズキが植えられた。

時代は下って、平成二四（二〇一二）年は、日本からワシントンにサクラが贈られてから一〇〇周年にあたる。これを記念して米国政府は、数年間かけて三〇〇〇本のハナミズキを日本へ寄贈することを決めた。平成二四年一一月に、その先駆けとして、米国から贈られた一〇〇本のハナミズキが東京都渋谷区にある代々木公園に植樹された。

このほかにも国際親善のためにハナミズキはずいぶん活躍している。こういった木は、受け取った側も枯らさないように管理に特に気を使わなければならない。

ハナミズキの街路樹。
ここ20年間で、急激に普及した街路樹である。あまり大きくならないので管理コストがかからないが、乾燥や病気に弱いといった短所もある。

街路樹としては難しい面ももつ

街路樹としても、ハナミズキは全国に大量に植えられている。全国の街路に植えられているハナミズキは三三万本で、全国で四位である（二〇〇七年調べ）。

しかし、ハナミズキは昔から街路に植えられていたわけではなく、ここ二〇年間で、急激に増加したもので、特に新興住宅地や再開発された街などでよく植えられてきた。

例えば、東京都世田谷区の東急線の二子玉川駅周辺は、再開発によって発展しつづけている街として知られるが、この街では約三〇年前から街のシンボルツリーとしてハナミズキを街路に植えていて、毎年の花の時期には、「花みず木フェスティバル」が開かれる。

ハナミズキは、街路樹に適した性質をもっている。

例えば、あまり大きくならないので、狭い街路でも植えることができる。

また、生長が遅く、剪定をしなくても整った樹形を保つうえに、落葉量が少なく、害虫もあまりつかないので、管理に手間がかからない。

しかし一方でハナミズキは、高温と乾燥に弱く、肥沃な土壌と根を張るための広い地下空間を必要とする。このため、特にアスファルトの照り返しが強い場所や、根を張る地下空間があまり確保できない場所では、乾燥のため枯れやすくなってしまうのだ。

うどんこ病にかかってしまったハナミズキの葉。
根を張る地下空間が狭い場所に植えられていたもの。

また、うどんこ病などの病気にもかかりやすいという難点もある。

ハナミズキは、市民にとっては人気が高いのだが、じつは、街路樹の管理者にとってはあまり植えたくない木なのである。

遺伝子攪乱が危惧される

近年では、品種改良によって病気に強いハナミズキも現れた。例えば、米国では、ハナミズキとヤマボウシを交雑させた品種がいくつも作られている。

このハナミズキとヤマボウシの交雑種は、花はハナミズキに似るのだが、花の時期はハナミズキとヤマボウシの中間くらいで、病気に強く頑健であることが特徴であり、今後、日本の街路樹としても普及していくかもしれない。

一方、ハナミズキがたくさん植えられたことについて、日本の生態系に及ぼす影響を懸念する意見もある。ハナミズキは、もともと日本には存在しない種《しゅ》だが、彼らが山の観光道路などにまで植えられると、ヤマボウシと自然に交雑する可能性がないとはいえない。しかし、このように外来種と、その外来種に近縁な在来種が交雑すると、遺伝子攪乱が起こり、在来種の遺伝的な独自性が低下するというのだ。

生き物である以上、どの木も子孫を残そうとする。国際親善に貢献しているハナミズキだが、植物の国際交流には注意も必要ということだろうか。生き物を贈ることは、やはり難しい。

ニセアカシア

別名　ハリエンジュ

国土を救ったヒーローも、今では侵略者扱いに……

緑化のために働いた木

秋田県の北部にある小坂町は、かつて鉱山の街であった。小坂鉱山は、江戸時代に開発が始まった、金、銀、銅、鉛などの鉱山である。最盛期には、日本最大級の生産高を誇り、鉄道や社宅をはじめ、病院、劇場なども整備され、明治末には秋田市に次ぐ二万人を超える人口を擁していた。

今、小坂町は、観光の町である。小坂町には、明治の末に建てられた洋風建築である小坂鉱山事務所や、日本最古の芝居小屋の康楽館が現存し、往時の賑わいをほうふつとさせる。

これらの歴史的な建造物の立ち並ぶ「明治百年通り」には、ニセアカシアの並木がある。ニセ

秋田県小坂町にある明治百年通りのニセアカシア並木。
6月上旬頃、白い花が満開となる。ニセアカシアは鉱山の煙害により生じたはげ山の緑化に活躍した。(提供：小坂町)

アカシアは甘い香りを放つ花をつける樹木で、この明治百年通りのニセアカシア並木は、環境省が選んだ「かおり風景一〇〇選」にも選ばれている。

小坂町の町内には、三〇〇万本ものニセアカシアがあり、六月初旬の花の時期には、その香りが漂う中で、「アカシア祭り」が行われる。

ところで、この町にはどうしてニセアカシアが多いのだろうか。それは、緑化のために植えられたからである。

小坂鉱山の発展と並行して、鉱山の煙害により、周りの山々の緑は失われ、荒涼としたはげ山の景観が広がっていった。そこで、おもに戦後まもない時期に、ニセアカシアを中心とする樹木を植えることによって、緑化を進めたのだ。

ニセアカシアは北米原産の外来種だが、日本中の山野でごく普通に見られる。これほど広がったのは、かつて荒廃した山に緑化樹として大量に植えられたからだ。また、海岸の防災林を構成するクロマツの肥料木としても植えられた。かつて、たくさん植えられていた時代には、ニセアカシアは「救国の樹木」ともてはやされたこともあった。

緑化樹として用いられた理由はその強さにある。

ニセアカシアは、その根に窒素固定能力のある根粒菌を共生させており、根粒菌から窒素をもらうことができるため、栄養に乏しい土地でも育つ。そのうえ、初期成長が非常に速く、寒さ、暑さ、乾燥にも強かった。

こういった理由で全国各地に植えられ、国土緑化のためにずいぶん働いてきたのである。

蜜が多くハチミツの蜜源にもなる

ニセアカシアは、北米原産のマメ科ニセアカシア属の樹木で、五〜六月頃に独特の甘い香りを放ちながら、房状の白い花を咲かせる。北海道東部から九州まで広く分布していて、特に河原に群生していることが多い。五〜六月頃に河原で、藤に似た房状の白い花をたくさんつけている樹林を見かけたら、おそらくニセアカシアだ。

これらの群落は、緑化のために山に植えたニセアカシアから、種子が川の水によって運ばれ、河原などで野生化し広まったものだ。もともと外来種でありながら、今や日本の山や河原の風景に溶けこんでいるように見える。

花は、糖度の高い蜜を多く含む。蜜は癖のない上品なハチミツの原料になり、「アカシア蜂蜜」として売られている。ニセアカシアは、養蜂業者にとって、非常に重要な蜜源植物なのだ。

また、甘いニセアカシアの花は、サルの大好物でもある。花の時期になると、ニホンザルの群れはニセアカシアの群落のある場所にやってきて、その花をむさぼるようにせっせと食べる。

ニセアカシアの花。
白い花が房状につく。蜜を豊富に出し、ハチミツの蜜源となる。

街路樹としては欠点が多い

ニセアカシアが、日本に輸入されたのは、明治の初めである。明治六（一八七三）年に、オーストリアの首都ウィーンで開かれた万国

台風で幹が折れたニセアカシア（上）と、根こそぎ倒れたもの（下）。
根が浅く、幹も折れやすい点は、街路樹には向かない性質である。

博覧会に出席した農学者の津田仙が、ヨーロッパで街路樹として植えられていたニセアカシアの苗木を日本に持ち帰ったのが始まりだという。持ち帰られたニセアカシアは、日本初の西洋の街路樹として皇居の濠端などに植えられた。

明治から大正時代にかけては、剪定が難しいなどの理由から、それほど普及しなかったようだが、関東大震災で東京の街路樹が大きな被害を受けた際には、枯れにくく生長の速いニセアカシアが、相当数植えられた。

戦後長らくは、街路樹の本数としては全国でも上位にあったのだが、平成になるあたりからベスト一〇より陥落し、現在は二〇位にも入っていない。

使われなくなった大きな理由は、風に弱いからだ。生長が速い分、根や幹に栄養が十分に回せないためか、根が浅く倒れやすいし、幹も折れやすい。このため、台風などで強風が吹くと、根こそぎ倒れたり、幹が折れてしまう。さらに、生長が速い分、剪定に手間がかかることや、寿命が短いことも嫌われる原因になっている。

つまり、ニセアカシアは街路樹としてはあまり向いていない樹木なのである。

歴史のある札幌のニセアカシア並木

そんな中で、ニセアカシアが街路樹としてよく普及しているのは、札幌である。平成二四（二〇一二）年現在で、札幌市に植えられている街路樹は、一位がナナカマド、二位がイチョウであるが、ニセアカシアはこれに次いで三番目に多く植えられている。

札幌の街路樹は、その創設期から外国産の木や本州からの移入種が多かった。そのひとつとして、ニセアカシアも明治時代に導入され、札幌を中心に広まった。札幌駅からまっすぐ南に延び

札幌の時計台とニセアカシア。
札幌のニセアカシアは、「アカシア」の名で多くの詩歌にも登場し、札幌のイメージづくりに役立っている。

る駅前通りには、すでに明治二一年に植えられている。

札幌といえば時計台が有名だが、時計台の周りに植えられている木もニセアカシアであり、白い時計台とニセアカシアの花は、北原白秋が作詞した童謡「この道」の中にも登場する。

札幌は「アカシアの街」とも呼ばれ、ニセアカシアは札幌の観光のイメージづくりにもずいぶん貢献してきたのである。

札幌の街は、碁盤の目のようにまっすぐな街路が南北に走っている。札幌駅から延びる駅前通りには、若いニセアカシアの並木がある。この通りには、もともと古くからニセアカシア並木があったのだが、地下通路工事の

札幌の駅前通りに植えられた若いニセアカシア。
歴史のあるニセアカシア並木を再生したものだが、ニセアカシアの並木を維持することについては賛否両論があった。

ために一度取り除かれ、その後、札幌市が新たに植えなおしたのだ。

この駅前通りの並木については、その繁殖力の強さを懸念してニセアカシアを再び植えることに反対する意見もあったが、結局、歴史性や街のイメージなどを考慮して再びニセアカシアを植えることになった。

ただし、札幌市は、風で倒れやすいなどの理由で、今後基本的にニセアカシアを街路に植えない方針を採っており、残念ながら札幌のニセアカシア並木は、やがて減少する運命をたどることになりそうだ。

侵略者とみなされるニセアカシア

ニセアカシアは、若いときの生長は非常に

速いのだが、ある程度の大きさになると菌類や害虫によって枯れたり、根が弱って風で倒れてしまうため、寿命は短い。しかし、にもかかわらず、彼らは繁殖力が非常に強い。

というのも、種子で増えるだけでなく、水平に伸ばした根から芽（根萌芽《こんほうが》）を出して増えることができるし、アレロパシー作用（特定の化学物質を出して、ほかの植物の生育を阻害する作用）もあるからである。

かつてニセアカシアは薪として有用だったためよく伐採されたのだが、伐採しても切り株から萌芽して容易に再生する。寿命が短いといっても、再生して若返れば、寿命が延びることになる。このためニセアカシアは各地で大繁殖しているのである。

近年、「外来生物法」という法律が作られ、生態系を大きく変えたり、人間活動に被害を及ぼす外来生物は、「侵略的」な外来種とみなされて、「特定外来生物」に指定され、規制、防除されることになった。特定外来生物に指定された樹木は、新たな植栽や輸入が禁止され、すでにある木は伐採される。

ニセアカシアはまだこの特定外来生物には指定されていないが、その候補である「要注意外来生物リスト」に入っている。環境省は、希少植物を含む在来植物を駆逐するおそれがあるため、河川敷や海岸などではニセアカシアの防除を勧めている。自治体としても、例えば長野県などでは、河川敷のニセアカシアを積極的に伐採している。

「救国の樹木」と呼ばれ、国土緑化にあれほど貢献したニセアカシアも、今では評価が一転し、邪魔者扱い、あるいは「侵略者」のレッテルを貼られているわけである。

現在、ニセアカシアの味方をしているのは、養蜂業者ぐらいだろうか。というのも、もしニセアカシアが減少してしまったら、アカシア蜂蜜が採れなくなって、日本の養蜂業界は大きな打撃を受けるからだ。日本産のハチミツの約四割をニセアカシアのハチミツが占め、地方によっては

ニセアカシアの根萌芽。
水平根から発芽する。旺盛な繁殖力をもつため積極的に伐採している地域もあるが、ハチミツの蜜源であるため養蜂業者との協議も必要となっている。

長野県のように七割を超える比重を占めている県もある。

しかも、養蜂業が衰退すると、農家も困るのだ。というのもイチゴやメロンをつくっている農家は、その受粉に養蜂業者のミツバチを貸してもらっているからだ。

山では、あてにしていた食料がなくなるので、サルたちも困るだろう。彼らにとっては、ニセアカシアは生活の糧である。

クズの逆襲

ニセアカシアは北米からやってきて、日本で「侵略者」と呼ばれているが、逆に、米国で「侵略者」とみなされている日本の植物もある。クズである。

クズは、日本ではおなじみの植物で、万葉集の時代から、秋の七草に入れられたマメ科のつる植物であり、根から採れるデンプンは葛粉の原料になる。房状につく花は紫色で、よい香りがするが、つるの伸びる速度が速く、伐採跡地や河原など開けた土地で、繁茂しやすい。林業にとっても、木を覆って枯らしてしまう厄介者だ。高速道路の法面《のりめん》でも、緑化のために植えたクズが繁茂して、植栽木を枯らして問題になったことがある。このため、日本でもクズの繁殖力を警戒する人はいる。

このクズは、一八七〇年代に米国に初めて持ちこまれ、一九〇〇年代の前半には、牛馬の飼料として、あるいはダムなどの建設現場の裸地や、干ばつで放棄された畑の表土流出防止用の緑化植物として、南部を中心にさかんに植えられた。しかし、一九五〇年代以降、クズは激しく繁殖し、畑や森を覆い、農作物や樹木を枯死させるようになっていった。このため今では日本から来た「侵略的外来種」として、防除の対象となっている。

クズに覆われて枯れかけたニセアカシア（多摩川の河川敷）。
日本におけるニセアカシアと同様に、北米ではクズが侵略的外来種として嫌われ者となっている。

ニセアカシアとクズ、この日米で嫌われている植物が、日本でよく鉢合わせする場所がある。河川敷である。クズは、ニセアカシアと同様に河川敷によく繁茂する。この両者は、しばしばそこで戦いを繰り広げるのだが、結局つる性のクズがニセアカシアにからみついて樹冠を覆い、枯らしてしまうのだ。北米では嫌われ者のクズが、故郷の日本の河原では、ニセアカシアに反撃している。日本でもクズを嫌う人は多いが、ニセアカシアを日本の国土への「侵略者」とみなすならば、クズは「国土防衛の英雄」ということにならないだろうか。

コブシ

辛夷

花の色香は、なぜ生まれたか？

春の花々の先駆けとなる

街路樹には、きれいな花を咲かせる木が少なくない。春から初夏にかけては、コブシ、サクラ類、ハナミズキ、ニセアカシア、トチノキ、ヤマボウシ、ナナカマドなどの花が咲く。これらの花のほとんどは白いのだが、近年は赤花の品種も増えてきた。また、この時期にはタブノキ、モチノキ、クスノキ、シナノキなどの木が、目立たないが小さな花をつけている。

夏になると、キョウチクトウ、ネムノキ、サルスベリなどの赤い花も楽しめるようになる。樹木の花は、色、形、サイズ、開花時期などにおいてじつに個性豊かである。街路樹の魅力のひと

つは、さまざまな花を楽しめることだろう。春、その先駆けとなるのが、コブシである。

コブシの並木は、全国的に見るとまだそれほど多くはないが、コブシは病気に比較的強く、花もきれいなので、街路樹として増えている樹種である。

東京都内では、並木にコブシはかなり植えられていて、例えば東京都中央区では、街路樹の植樹本数のベスト二〇に入っている。ビルに囲まれた都心の街路でも、コブシの花が咲くと、故郷

コブシの実。
このごつごつした実が人の拳に似ていることからコブシという名がついたという。

ふさふさした毛に包まれたコブシの冬芽（花芽）。
漢方では、「辛夷（しんい）」と呼ばれる生薬の材料になる。鼻づまりなどに薬効があるという。

の山里を思い出す人もいるのではないだろうか。

また、コブシは実や冬芽がユニークな木である。花の時期が終わると、枝にごつごつした細長い実がぶら下がるようになる。「コブシ」の名は、この実が人の拳に似ていることからついたといわれる。この実は秋になるとぱっくりと割れて、中から白い糸に釣り下げられた赤い種子が現れるのだ。冬芽には暖かそうな毛がたくさん生えていて、よく目立つ。漢方では、この冬芽を「辛夷《しんい》」と呼ばれる生薬として用いる。鼻づまりなどに効能があるという。

白く大きな花で虫を呼ぶ

早春、まだ吹く風は冷たいが、街路樹のコブシが白い花を咲かせはじめると、季節が変わったことを実感して、少しほっとする。コブシは春の訪れを告げる木だ。まだ冬枯れの山里に、満開のコブシがひとり立つ姿は、忘れられない感動を残してくれる。

コブシは、その開花をもって田植えの準備をするタイミングの目安にすることから「田打ち桜」とも呼ばれる。

コブシの花は大きいうえに、まだ葉を開く前に咲くので、よく目立つ（口絵⑧）。白く大きな花

白く清楚な印象のあるコブシの花。
花は虫を呼ぶために葉が進化して生まれたものだ。

は、花粉を運んでくれる虫たちにとっても見つけやすい存在だ。コブシの花粉を運ぶのは、おもに体長数ミリの甲虫だという。コブシは、春の早いうちから目立つ花を咲かせ、活動を始めた虫たちを一刻も早く呼び寄せようとしているように見える。

コブシの花弁を白く見せているのは、特定の色素ではなく、花弁に含まれるたくさんの空気（気泡）である。そして、一見純白に見える花であっても、じつはわずかに黄色みを帯びている。

黄色の源はフラボンやフラボノールといった物質で、これらの物質が混じらない純白の花は自然界にほとんど存在せず、出現したとしても子孫を残すことはできない。

なぜなら、昆虫は、フラボンやフラボノールのない完全に純白の花を認識することができず、したがって花粉を運んでもらえないからだという。花は、やはり虫のためにある存在である。

花を咲かせるコブシの木。
葉が開く前に花を咲かせるのでよく目立つ。

コブシのにおいの成分

コブシの花は美しいだけでなく、香りもよい。花に鼻を近づけると、レモンのような爽やかで、かすかに甘い香りがすることがある。

コブシの花には、柑橘類の皮を剝くと発散するリモネンなどの精油が含まれている。精油は芳香のある揮発性の油で、空気中に広がり、その香りで昆虫たちに花の場所を教えるのだ。コブシにはほかにもいくつかの精油成分があり、それらが混ざり合った香りが、昆虫たちを引き寄せている。精油は人間にとっても有用で、食品や日用品の香料、香水、アロマテラピーといった用途にも使われている。

花の香りは、単純なようで、じつは複雑だという。

例えば、ウメの花の香りは、ベンズアルデヒド（梅酒や杏仁豆腐の香りの成分）や、酢酸ベンジル、オイゲノールが主成分だが、品種によってその組み合わせは異なるため、例えば赤花のウメと白花のウメの香りはずいぶん違うのだという。

サクラの花も、種（品種）によって香りとその強さがずいぶん異なる。それもやはり、クマリン（桜餅の香りの成分）、フェニルアセトアルデヒド、アニスアルデヒドなど多くの成分が組み合わさって香りをつくっているためだ。

よい香りのするモクレン科の樹木。
左はタイサンボク（泰山木）。右はホオノキ（朴木）。ともに花の構造はコブシに似て原始的である。

人間がそれらの香りを嗅ぎ分けるのは至難の業だが、花を訪れる昆虫たちは嗅覚が鋭いので、人間よりもずっと細かくにおいを嗅ぎ分けているのかもしれない。樹木の花の中には、人間にとっての悪臭を放つ木もある。例えば、ヒサカキだ。

ヒサカキの枝は仏前などに供えるために花屋で売られているので、ご存じの方も多いだろう。常緑樹で、春にクリーム色の小さい花が鈴なりに枝につくのだが、その花がタクアンのようなにおいなのである。「蓼食《たで》う虫も好きずき」というが、それでも虫はやってきて、花粉を運んでいる。

春から初夏に咲く、モクレン科の樹木には、いい香りを放つものが多い。例えば、コブシ、モクレン、ホオノキ（朴木）、オガタマノキ、カラタネオガタマ、タイサンボク（泰山木）といった木だ。

しかし、これらの木の花の香りは、爽やかな香りであったり、フルーティな香りであったり、それぞれの種によって微妙に異なる。これは香りの成分が違うためである。さらに、コブシであっても、その精油成分は産地によって異なっていて、少しずつ香りが違うという。

スギはなぜ花粉をばらまくか

春は、ウメやモクレン、チンチョウゲなどいい香りのする木が多いが、スギ花粉症のために、鼻が効かなかったり、マスクをしていたりして、花の香りを楽しむどころではない人もいるだろう。春はスギの花粉が大量に飛びかう季節である。

スギの花粉がこれほど多いのは、スギなどの針葉樹は古いタイプの木なので、花粉のやり取りを風に依存しているからである。花粉のやり取りが「風まかせ」であるため、「下手な鉄砲」と同様に、大量の花粉をばらまかないと受粉できないのである。

智恵がない、といってはスギに失礼かもしれないが、この方法はむだが多い。樹木にとって、花粉は、アミノ酸、ビタミン類のほか、希少なミネラル類が含まれている貴重なものだ。その貴重な花粉をむだにばらまくのは、非常にもったいないことなのである。

コブシの花が語る花の祖先

この「もったいない」を改善したのが、「花の色香」である。一億年ほど前に、葉を進化させてきれいな花をつける植物が現れた。花の起源、つまり最初に花をつけた植物が何であったかは、まだ完全にはわかっていないようだが、花の誕生は少なくとも一億年以上前に遡ることができるという。コブシの花は、雌しべや雄しべが長い軸（花托《かたく》）に対して螺旋《らせん》状につくが、これは一億年ほど前の「花」ができはじめた時代の、原始的な花の形態を残しているといわれる。

コブシの雌しべと雄しべは、長い軸（花托）に対して螺旋状につくが、これは原始的な花の構造を今に伝えるものだという。

花の出現によって、もったいない花粉を風でばらまくのではなく、虫に委託できるようになった。コブシの祖先の花粉を最初に媒介したのは、古いタイプの虫であるコガネムシのような甲虫だったようだ。

その花粉は湿っていて虫につきやすく、花弁は虫が止まるのにも適していた。甲虫は餌として花粉を食べ、体に花粉をつけたまま別の木へ飛んで行って受粉を助けるようになった。

虫に花粉を運んでもらうこの方法は画期的であった。

虫は花から花へ飛びまわるので、効率的に受粉を行える。花粉を運んでもらう報酬として、少しは花粉を虫に食べさせたとしても、ばらまくよりはずっと花粉を節約できる。樹木は、すばらしいパートナーを見つけたのだ。

多様に進化していった花

「花」は、その後長い年月をかけて、多様に進化していった。さまざまな色、形、香りをもつ花が生まれた。花が進化すると虫も進化していき、また虫の進化は花の進化を促した。

色香だけでなく、蜜を出す樹木も現れた。蜜の主成分は糖であり、花粉よりも貴重なミネラルなどは少ないので、蜜を中心に虫に食べてもらうほうが、木にとってはありがたい。

さらに、イチジクの仲間のように花を袋状にして閉鎖し、花の中で受粉用の虫を育てることによって、花粉のむだ遣いを極限まで減らした植物も出現した。彼らの花は、不特定多数の虫に「見せる」ものではないので、もはや花弁がない。

一方で、虫とおつきあいができなかった針葉樹のスギのほうは、今も変わらず花粉をまき散らしている。コブシが香りを放つのも、スギが大量の花粉をまくのも、自分たちの子孫を残すためという同じ目的なのだが、人間にとってはえらい違いがある。スギにも、花をつけて虫に花粉を運んでもらうように進化してほしいものだが、それは無理というものだろう。葉を変形して花をつくるという進化は、非常に稀な現象なのだという。

コブシが、その古い花の形質を今も残しているのも不思議なことである。一億年もの間、その遺伝子を子孫に受け継いでいくのは、簡単ではないだろう。

今年の春も、コブシはあたりまえのようにきれいな花と香りを見せてくれる。しかし、その色香は、気が遠くなるような長い年月と偶然が生みだしたもので、いわば奇跡の産物なのである。

シダレヤナギ

枝垂柳

平城京にも植えられた、多芸多才な街路樹

しだれた枝がユニークな柳

我々の身の回りにはいろいろな樹木があるが、樹木のイラストを描こうとするとき、もっとも描きやすい木といえば、シダレヤナギではないだろうか。幹を描いて、しだれた枝を何本か描けば、うまい下手は別として、それらしく見えるのである。

シダレヤナギは、その名の通り、細長くしだれた枝に、細長い葉をつけるユニークな姿の木で、とても見分けやすい木である。

日本には、ネコヤナギ、コゴメヤナギ、イヌコリヤナギなど、多くのヤナギ属の木が自生するが、「柳」と聞けば、ほとんどの人が「しだれた枝の柳」、つまりシダレヤナギを連想するはずだ。

シダレヤナギの樹形は、じつにユニークである。しだれた枝が風でなびく姿が風流で、古くから日本人に愛されてきた。

日本では、シダレヤナギは柳の代名詞なのである。

かつて東京の銀座には、有名なシダレヤナギの並木があった。昭和四〇年代に流行した歌謡曲「たそがれの銀座」（古木花江作詞）では、その柳が「ためいきついて」とか「ささやいた」と歌われた。そんな表現をされるのは、シダレヤナギに「動き」があるからで、しだれた枝が風になびくさまが、ため息をついたり囁《ささや》いたりするように見えるのだ。柳が美女に喩《たと》えられたり、柳の下に幽霊が出るといわれるのも、ひとつには枝が動くからだろう。しだれる姿が、「客を招く」ようだと、各地の商店街に植えられた時代もある。

日本の街路樹の中で、これほど芸のある木はほかにない。

なぜしだれるのか

シダレヤナギの柔らかな枝が風になびくさまを見ていると、肩の力が抜けていくようで、心が和む。ところで、シダレヤナギの枝は、なぜしだれるのだろうか。

一般の広葉樹は、枝が垂れ下がらないように、枝の上側に特別な組織（あて材）を備えていて、この部分で枝を釣り上げている。このあて材をつくるために必要なのがジベレリンという植物ホルモンなのだが、シダレヤナギはこのジベレリンが不足するために、枝がしだれてしまうのだ。

人間でいうと、背中の筋肉がなまってしまって、猫背になるようなものだろうか。自然界では、しだれる枝をもつ木は少ない。しだれてしまうと、周りに生えているほかの木の陰に入り、光が当たりにくくなって生き残りに不利だからだろう。

しかし、この独特の柔らかい樹形は、日本人にとても好まれ、ずいぶん古くから街路樹や庭木として植えられてきた。人の世では、猫背になっていると姿勢が悪いと叱られそうだが、街路樹の世界では、しだれるのも芸のうちである。

日本人に愛された柳の歴史

シダレヤナギは、平城京の朱雀大路に植えられていたという、歴史の古い街路樹だ。貴族の邸宅の門前や庭にもよく植えられ、愛でられた木でもあった。古来、柳は縁起のよい木と考えられており、霊力をもち願望をかなえる信仰の対象にもなっていた。

文芸においては、古くは『日本書紀』（七二〇年成立）に柳を題材にした和歌が登場し、『万葉集』には柳を題材にした三九首の歌が収められている。柳にはきれいな花は咲かないが、春に萌えだす若い芽や、枝がしだれる姿が、歌人たちの心を捉えた。奈良、平安の時代につくられた文学で、柳が登場する作品は枚挙にいとまがない。

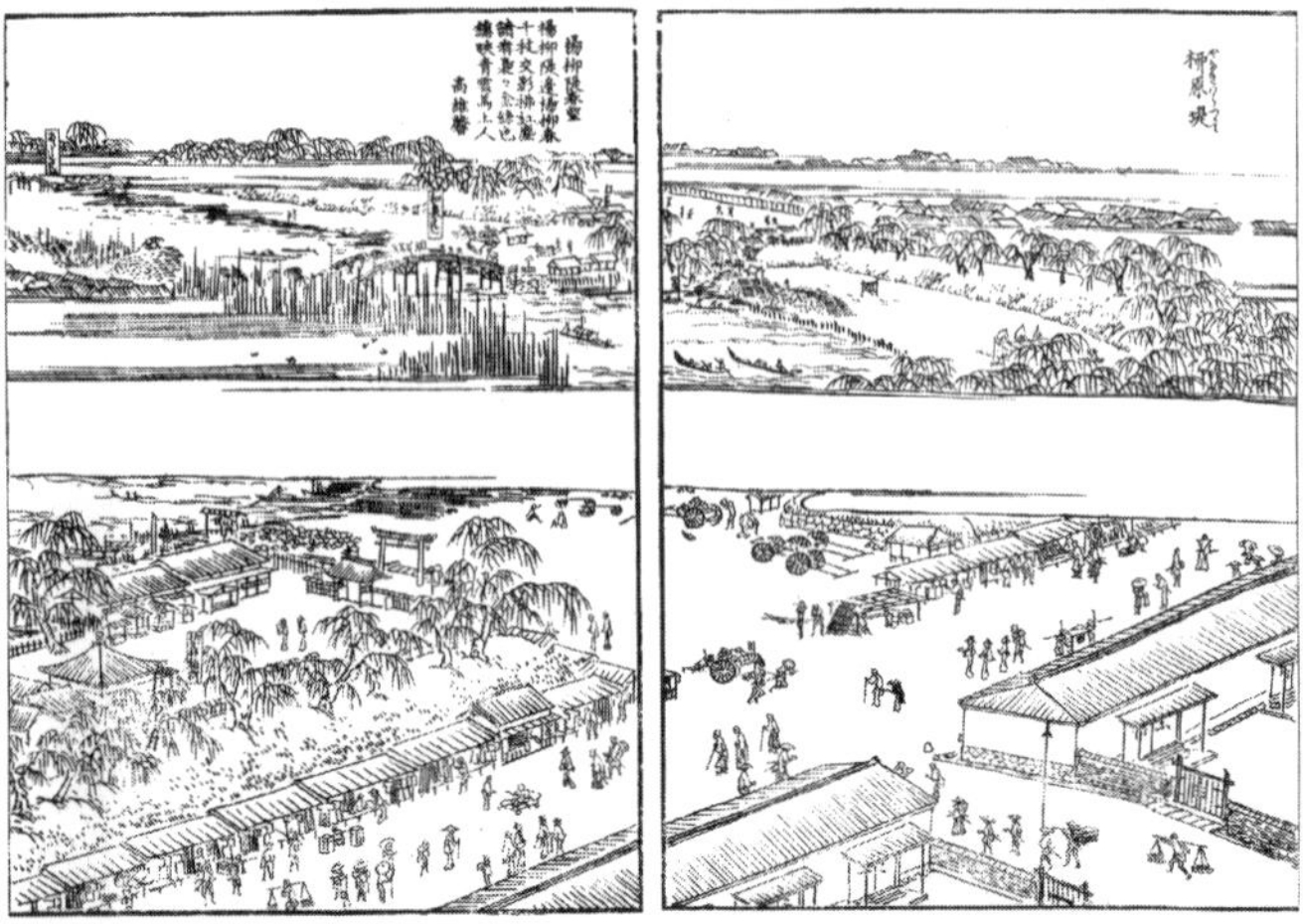

江戸時代の観光ガイドブックであった江戸名所図会には、神田川の柳並木（柳原堤）が描かれている。（出典：『新訂江戸名所図会 1』〈ちくま学芸文庫〉p.120－121）

戦国時代から江戸時代にかけて、戦国の武将や江戸幕府によって、松、杉、柳などの樹木が、街道に植えられた。中でも柳は、川の堤防（土手）、掘割などの水辺にも多く植えられた。

例えば江戸では、神田川の土手（今の秋葉原周辺）に植えられた柳並木がよく知られていた。この柳並木は、一五世紀中頃に太田道灌が江戸城の鬼門除けのために植えたのが始まりで、後に八代将軍吉宗も柳を植えたため、このあたりは「柳原堤（土手）」と呼ばれていた。

このほか、寺院の境内にある井戸や池、武家屋敷や商家の庭にも好んで植えられた。変わったところでは、吉原をはじめ多くの遊郭にも、出入り口の門の脇に柳が植えられていたという。

江戸時代の俳句や川柳にも、たくさんのシダレヤナギが登場する。

はれ物にさはる柳のしなへかな　松尾芭蕉

振り向けばはや美女過ぎる柳かな　小林一茶

江戸時代の人々にとっては、本当に身近な木であったに違いない。

挿し木で一〇〇〇年も生きてきた

シダレヤナギは生命力が強く、枝を切って土に挿すと容易に根が生えてくる。古来、柳に霊力があるとされてきたのも、ひとつにはその生命力に由来するものだろう。

シダレヤナギは、オスの木とメスの木に分かれているのだが、日本の街路に植えられたのはほとんどがオスの木であり、種子ができない。このため、日本のシダレヤナギの多くは、一〇〇〇年以上にわたり挿し木によって増やされてきたクローンなのだ。では、このクローンのルーツはどこだろうか。

シダレヤナギは日本に自生する柳ではない。中国を原産地とし、奈良時代以前に日本に渡来した外来の柳である。唐の都であった長安には、街路樹としてシダレヤナギが植えられており、それを真似て、平城京や平安京の街路に植えられたようだ。当時のシダレヤナギは、先進国から伝わってきた、モダンな街路樹だったのだろう。それが日本人に受け入れられて、今日まで一〇〇〇年以上にわたって脈々と植えられてきたのである。

シダレヤナギは、人の手によって増やされ育てられてきた、まるで家畜やペットのような木である。一〇〇〇年以上にわたり日本で生き延びてきたのは、浸水に強かったり、挿し木で容易に増えるという理由だけでなく、その独特のしだれる姿が日本人の心をつかんだからだ。芸は身を助く、というが、シダレヤナギの枝がしだれていなければ、これほど日本に普及しなかっただろう。

消えてしまった銀座の柳

岡山県倉敷市は、江戸時代に米や綿花などの集散地として栄えた土地である。往時の面影を残す倉敷市の美観地区では、かつて舟運で賑わった倉敷川にそってシダレヤナギが立ち並び、白壁の蔵や商家とともに美しい景観をつくっている。水面に垂れ下がり、あるいは水面に映った枝が、

昭和30年の銀座通り（4丁目付近）の柳並木。（提供：東京都）
かつては銀座の象徴であった銀座通りの柳も、都市化の波にのまれて消えていった。

涼しげに揺れる風情は、独特のものだ。

シダレヤナギほど、水辺の景観に似合う木はほかにないだろう。シダレヤナギは河川や池のほとりに植えられることが多いが、それは過湿な土壌に強いからだという。

柳並木といえば、かつては東京の銀座が有名だったが、今の銀座通り（中央通り）には柳並木はない。

銀座は、明治五（一八七二）年の銀座大火で焼け跡となった。その復興の際に、銀座通りに、黒松、桜、楓といった木が植えられた。しかし、それらの木は枯れてしまったため、徐々にシダレヤナギに植えかえられた。これが銀座の象徴ともなった柳並木の始まりである。

しかしその後、この銀座の柳並木は、めまぐるしい存亡を繰り返すことになる。

大正一〇（一九二一）年に、道路の拡張にともない、銀座通りの柳は引き抜かれ、かわりにイチョウが植えられてしまう。イチョウ並木は、そのわずか二年後に起こった関東大震災で焼失したため、昭和七（一九三二）年に再びシダレヤナギの並木が銀座通りに復活する。流行歌「銀座の柳」や「東京ラプソディ」で歌われたのはこの時代の並木だ。せっかく復活した柳並木であるが、またもや昭和二〇年の空襲で大半が焼失してしまう。その後、かつての柳並木を懐かしむ地元の商店会や中央区が昭和三〇年に新たに柳を植え、三度目の復活となった。

しかし、激しい都市化の波は、銀座のシンボルとなっていた柳並木をものみこんでしまう。排気ガスや地下水の枯渇などの影響で枯れる柳が続出し、さらには昭和四三年に、地下に埋設する電線やガス管の共同溝の工事のため、ついに銀座通りの柳はすべて撤去されてしまったのだ。

かつての銀座は、京橋川など四つの水路に囲まれた島であったが、それらの水路も戦後に埋め立てられて、銀座には水辺がなくなっていた。

減少しつつあるシダレヤナギ

かつては街路樹としてよく植えられたシダレヤナギだが、近年は植えられることは少なくなってしまった。全国に植えられた街路樹の本数の統計を見ると、昭和四二年には全国三位、昭和六二年でも全国で九位だったが、平成一九（二〇〇七）年の統計では上位二〇位にも入っていない。銀座のある中央区では柳は区の木に指定され、よく植えられているが、新しくできた街で新たに街路樹を植える場合、シダレヤナギが使われることは、まず少ないだろう。

シダレヤナギが街路に植えられなくなった理由はいくつかある。

皇居の濠端のシダレヤナギ並木。
シダレヤナギは、街路樹としては欠点も多いため最近はあまり植えられなくなったし、柳並木が似合う水辺も少なくなった。

根が浅いので強い風を受けると、しばしば根こそぎ倒れてしまう。幹や枝も風で折れやすい。強い風では「柳に風」とはいかないのだ。このため、台風シーズンの前に、街路樹のシダレヤナギは強く剪定されることも多いのだが、剪定が技術的に難しいうえに、生長が速いので剪定費用が高くつくのである。

また、狭い歩道では、枝が歩行者の顔にかかって歩きにくい、枝先についた泥が風に吹かれて服に跳ねる、といった苦情が寄せられるという。

このほかにも、寿命が短い、車の排気ガスに弱いという欠点もあり、こうして見ると、シダレヤナギは、実用的な街路樹としてはあまり向いていないのだ。

今日、我々の身の回りに、柳が似合うような風情のある水辺はほとんど残っていない。枝が揺れ動けるほど歩道も広くない。そもそも現代人は並木をゆっくり眺める暇もない。しだれる枝は、風流と思わなければ、邪魔なだけである。

一〇〇〇年にわたり街路樹や並木として働き、文化の一翼も担ってきたシダレヤナギだが、実用的な街路樹がたくさん現れた現代では、忘れ去られていくのは仕方がないのかもしれない。これからの一〇〇〇年を、シダレヤナギは生き延びていけるだろうか。

ポプラ

別名
セイヨウハコヤナギ

倒れても、思い出に残るユニークな姿

宮沢賢治が好んだポプラ

岩手の農村に生きた詩人、童話作家の宮沢賢治は、「恋」という詩にポプラを描いている。

恋

宮沢賢治

草穂のかなた雲ひくき
ポプラの群にかこまれて

鐘塔白き秋の館
かしこにひとの四年居て
あるとき清くわらひける
そのことゝいとゞくるほしき

（『新修　宮沢賢治全集 第六巻』筑摩書房刊より）

思い出となってしまった恋なのだろうか。ポプラに囲まれた秋の館の情景は、日本の古い農村の風景とはかけ離れていて、どこか夢のようでもある。

独身のままわずか三七歳で逝った賢治の作品にはポプラがたくさん出てくる。『銀河鉄道の夜』にも、星空に浮かぶポプラ並木の風景が描写されている。

しかし岩手県の花巻農学校の教師だった賢治にとってポプラは、農村の景観を改善するのに適した実用的な樹木でもあった。賢治は、ポプラを農村に植えて、農村景観を明るいものに変えたいと考えていたようだ。

よく知られた北大のポプラ並木

大正一三（一九二四）年に、農学校の教師であった宮沢賢治は、生徒を引率して、小樽、札幌、苫小牧などをめぐる修学旅行へ出かけている。彼らが訪ねた北海道の景観は、米国のタウンシップ制（北米大陸で行われた格子状の公有地分割制度）を模範とした格子状の耕地が広がる、シンプルで開放的な景観だった。その明るい農村景観に、賢治はいたく感動したようで、修学旅行の復命書には、北海道の農村景観にくらべて、故郷岩手の農村の景観がいかにこみ入っていて暗いかが記されている。

ポプラは北海道の牧歌的な風景によく似合う樹木である。北海道の農村では、耕地や牧場の縁に仕立てられたポプラ並木が普通に見られる。しかし、北海道でもっとも有名なのは、北海道大学のポプラ並木であろう。観光ガイドブックには必ずといっていいほど札幌の観光スポットとして取り上げられていて、観光客の人気も高い。大学の構内が観光名所になっているのもおもしろい。

北大は札幌農学校がその前身であり、ポプラ並木は、明治時代の後期に林学を学ぶ学生が実習として植え、その基礎をつくったといわれる。当時は防風林の役割も期待されていたようだ。現在のポプラ並木は、北大構内の農道に、二五〇メートルの長さにわたって約五〇本が立っている。

樹高は三〇メートルにも達し、空に向かって背伸びをしている。その姿は絵葉書にもなり、札幌駅からほど近い観光スポットとあって、毎年多くの観光客や修学旅行生が並木を訪ねている。

柳の仲間であるポプラ

ポプラは発音が似ているためか、プラタナス（別名スズカケノキ）と混同しやすいが、まったく別の木である。ポプラ（属）の葉は三角形だが、プラタナスの葉はカエデのような切れこみの入った大きめの葉だ。プラタナスは都市の街路樹としてよく植えられていて、よく見かける木だが、ポプラは街路樹としてはあまり植えられていない。

「ポプラ」は特定の木の種名ではなく、ヤナギ科ヤマナラシ属（ポプラ属）の木の総称であり、その仲間は北半球に約三〇種存在する。日本に自生するポプラには、ドロノキ、ヤマナラシなどの木がある。しかし、日本でポプラというと、竹ぼうきを逆さに立てたような円柱形の樹冠をもつポプラを指すことが多い。このポプラは一般に「セイヨウハコヤナギ（西洋箱柳）」と呼ばれることの多い外来のポプラで、明治時代に日本に導入され、北大の並木のポプラもこれにあたる。

幹の至るところから出た細い枝が、上へ向かって伸びるために、竹ぼうきのような、鳥の羽を

北海道大学のポプラ並木。
札幌の観光スポットのひとつとなっていて多くの人が訪れる。その起源は明治時代に、学生が実習で植えたものだ。

立てたような、独特の樹形になる。

ポプラはヤナギ科に属する。柳の仲間は毛に覆われた種子を風で散布するが、ポプラも初夏に白い綿毛をつけた小さな種子を風に乗せて散布する。北海道ではこの大量に飛びかう綿毛が嫌がられることもある。

また、シダレヤナギなどと同様に、挿し木で容易に増え、土壌水分の多い土地でも育ち、生長

ポプラの仲間は、一般に葉柄が長い。このため風に吹かれると葉がそよぎ、ぶつかり合って音をたてる。

ポプラは、竹ぼうきのような、鳥の羽を立てたような、独特の樹形になる。生長はきわめて速いが、寿命は短い。柳の仲間であり、綿毛のついた種子を風で飛ばして散布する。水辺でもよく育ち、挿し木で容易に増やすことができる。

は速いが寿命は短いという性質をもっている。ポプラは生き急ぐタイプの木であって、その寿命はわずか七〇年程度だという。そう考えると、北大のポプラ並木は、いつ倒れてもおかしくない老木の並木ということになる。

風に弱いという欠点

ポプラは、天まで届こうとするようなのびのびとした樹形を見せてくれるが、北海道以外では街路樹としての利用は少ない。これは、ポプラが、樹高二〇~三〇メートルと大きくなるうえに、風で倒れやすいためだ。もともと根が浅いうえに、人や車に根元を踏みつけられると根の発達が悪くなり、強い風が吹くと根こそぎ倒れてしまうのである。また、幹や枝が柔らかいうえに、年をとると空洞化しやすいため、幹や枝も折れやすい。

ポプラの寿命が短いのは、速く生長することに栄養を投資するあまり、幹や根が貧弱になってしまうことも一因だろう。樹齢を重ねて樹体が大きくなると、風当たりも強くなる。

北海道では多くの市町村でポプラが植えられているが、倒れた際の被害を軽くするため、道路からかなり離れた位置に植えていることがある。

北大でも、過去の台風で何度か並木のポプラが倒れたことがあった。例えば、昭和三四（一九五九）年に来襲した台風では、五本のポプラが倒れてしまった。その際には、安全を考えて大学側が並木のポプラをすべて伐採することを検討したのだが、地元の小学生が北海道知事に存続を要望する手紙を送り、ポプラ並木は残ったという逸話がある。その後、倒れたポプラの跡には新たに補植されて並木は維持されてきた。

しかし、平成一六（二〇〇四）年九月に北海道を襲った台風一八号によって、北大のポプラ並木は、大きな被害を受けた。暴風によって一九本のポプラが倒れ、八本が枝を失った状態で傾いた。ポプラ並木は、北大あるいは札幌のシンボルともなっているため、市民あるいは道民の中にもその再生を望む声が多く、大学の手によって修復が行われた。倒れたものの根が地中に残っていて、幹の損傷が少ない木はクレーンで吊り上げて移植したり、元気なポプラの枝を採取して、挿し木で若い木を育てるなど、並木の再生が行われている。

とはいっても風に対して弱いという宿命は消えることがない。しかも、ポプラの寿命は短い。このため、平成一二年に、本家の並木から五〇〇メートルほど離れた場所に、第二のポプラ並木（平成ポプラ並木）が、新たに造成された。本家の並木のポプラの枝から挿し木で育てた七〇本の苗木を植樹したものである。ポプラは生長が速いので、植えてから一〇年程度で、すでに並木の体裁を見せている。

思い出に残る木

ポプラは全国各地の学校の校庭によく植えられている。広い敷地が確保できるからだろう。また、ポプラは学校のシンボルとしてもふさわしいのかもしれない。空に伸び上がるようなポプラの樹形は、子どもたちの成長の象徴でもあり、また子どもたちを見守ってくれているようにも見える。子どもたちが卒業して学校を去っても、どこかでポプラの木と出会えば、そのなつかしい思い出が、呼び覚まされるだろう。

台風で倒れた北大の並木のポプラの材で作った黒板消し型のキーホルダー。記念品として、北大キャンパス内のエルムの森ショップなどで売られている。

台風で倒れた北大のポプラは、その幹が加工され、楽器のチェンバロやベンチの材料として再利用されたり、黒板消しの形をしたキーホルダー（写真）になって大学内で売られている。しかし、たとえ形に残らなくても、ポプラは人々の思い出の中にたくさん残っているはずだ。

倒れやすくても、ポプラが人に愛されるのは、その姿がずっと心に残るからだろう。

街路樹の健康診断

大きな街路樹が倒れると、歩行者、車、建物などに大きな被害をもたらす可能性がある。枯れた枝が落ちるだけでも、歩行者にとっては大きな脅威である。

したがって、枯れかけた木はもちろん、外見上元気な街路樹も、幹が腐ったり、空洞化して倒れやすくなっていないか、その健康状態をチェックする必要がある。

そこで街路樹を管理する自治体の中には、街路樹の健康状態を調べる「街路樹診断」を行って、病気や障害を見つけ、治療や伐採など適切な処置を施しているところもある。

街路樹の健康診断は、まず、目視や、木槌で幹を打診するなどして異常を調べるのだが、より正確に調べるために、機械を使って幹の内部の状態を調べることもある。

例えば、幹の内部の精密な調査には「レジストグラフ」という機器がよく使われている。これはドリルを貫入させ抵抗の大きさを測定して空洞や腐朽を見つけるものだ。

また、幹を伝わる音波の速度を計測して空洞や腐朽を見つける「インパルスハンマー」という機器（ハンマー）も普及している。

さらに、幹にまったく傷をつけずに、放射線（ガンマー線）の透過線量で幹の健全度を調べる機器も開発されている。人間の健康診断でいえば、ＣＴスキャンのようなものだろうか。

街路樹は、美観や緑陰を生みだすだけでなく、車から歩行者を保護し、火災時には延焼を防いで、人々の安全を守る。また、騒音や砂ぼこりを防ぎ、大気汚染物質も吸収してくれている。しかし、街路樹は車の排気ガスを浴びたり、十分に根を伸ばせなかったり、劣悪な環境にあることが少なくない。

だからこそ、街路樹がその機能を十分に果たすためには、健康診断が必要となるのである。

プラタナス

別名
モミジバスズカケノキ

おしゃれな街路樹は手間ひまお金がかかる

学び舎にふさわしい並木

昭和一七（一九四二）年に灰田勝彦が歌ってヒットした「鈴懸《すずかけ》の径《みち》」の歌詞は、「友と語らん、鈴懸の径、通いなれたる、学舎《まなびや》の街……」というものだった。この歌は、学徒出陣の若者たちが、万感の思いをこめて歌ったという。「鈴懸の径」とは、スズカケノキ、つまりプラタナスの並木路のことで、そのモデルとなったのは、灰田の母校であった立教大学にあるプラタナス並木である。この並木は大正一三（一九二四）年に植えられたもので、今でもキャンパス内にあり、その下を学生が行きかっている。

プラタナスは、学舎に縁が深い。古代ギリシャの時代に、哲学者がプラタナスの樹下で哲学を

立教大学にある鈴懸の径。
大正13年に植えられたもので、昭和17年に灰田勝彦が歌ってヒットした「鈴懸の径」のモデルとなった。

論じたという。また、医学の父と呼ばれるヒポクラテスが、その大樹の下で、医学を講じたと伝えられ、これにちなんでプラタナスは世界各国の大学の医学部キャンパスにもよく植えられている。

迷彩服のような樹皮

プラタナスは、プラタナス属（スズカケノキ属）の総称であって、日本に植えられているプラタナスには、いくつかの種類がある。このうち、日本の街路樹としてもっとも多く植えられているのが、モミジバスズカケノキという木だ。一般にプラタナスというと、このモミジバスズカケノキを指すことが多い。

プラタナス（モミジバスズカケノキ）は、見分けやすい木である。葉は大きく、カエデのように切れこみが入っているうえに、実がおもしろい形をしている。丸い大きな実は、淡い褐色の毛がついた種子が集合したもので、熟すとバラバラになり、風で飛ばされる。「鈴懸」とは山伏が着る装束のことで、その胸についている飾りに、この実が似ていることから名がついた。

さらに、樹皮が変わっていて、まるで迷彩服のような色に剝げるのだ。白、緑、灰色のまだら模様がとても目立つので、冬に葉が落ちた状態でも、容易にプラタナスだとわかる。

かつては街路樹の代表であったが……

プラタナスは、明治初年に日本に輸入された外来種であり、明治末に東京の街路樹として採用されて以来、非常にたくさん植えられてきた。

特に古くから積極的に植えてきた東京都では、今も国道や都道といった幹線道路を中心にプラタナスの並木が多い。都内に植えられているプラタナスの本数は三万三〇〇〇本で、都内では五番目に多い街路樹である（二〇一一年調べ）。

プラタナスの実。
丸い大きな実は、淡い褐色の毛がついた種子が集合したもので、熟すとバラバラになり、風で飛ばされる。

プラタナスの樹皮。
迷彩服のようにまだらに剝げて、ユニークな模様となる。

たくさん植えられてきた理由は、刈り込みに強い、乾燥や栄養に乏しい土壌に強い、大気汚染に強い、つまりタフな木だからである。加えて、生長が速いので、近代的な街路の整備が急がれた時代には歓迎された。また、ヨーロッパでよく植えられていたため、西洋化を進めていた東京では、洋風のイメージが好まれたのかもしれない。スズカケノキよりもむしろプラタナスと呼ばれたのも、洋風なイメージが歓迎されたからだろう。こうしてプラタナスは、街路樹の代表ともいえる存在になっていった。

しかし、である。現在、街路樹としてのプラタナスの地位は、年々低下しているのである。昭和二九年の時点では、全国の街路樹のうち、本数で第一位だった。しかし、その後、徐々にほかの樹種が増えてゆき、昭和四〇年代にイチョウに追い抜かれて首位の座を追われ、その後、平成九(一九九七)年には六位、平成一九年には九位と、その順位は低下しつづけている。昭和の終わりごろには全国で約二六万本あったプラタナスも、平成一九年には約一六万本と大幅に減少している。

現在、新たに街路にプラタナスが植えられることは少なくなった。過去六〇年間で、日本の街路樹全体の本数が一〇倍以上に増えている中で、全国のプラタナスの本数は急激に減少しつつある。プラタナスの栄光の時代は終わったのである。

過去60年間における全国の街路樹(高木)の上位10種の推移

昭和29(1954)年				昭和42(1967)年			
順位	樹種	本数	比率(%)	順位	樹種	本数	比率(%)
1	プラタナス類	88,930	33	1	プラタナス類	107,839	25
2	イチョウ	69,854	26	2	イチョウ	105,937	25
3	サクラ類	22,989	9	3	ヤナギ類	55,137	13
4	エンジュ類	21,915	8	4	外来ポプラ類	39,585	9
5	ニセアカシア類	21,354	8	5	ニセアカシア類	38,321	9
6	外来ポプラ類	13,947	5	6	サクラ類	24,300	6
7	アオギリ	11,440	4	7	アオギリ	20,346	5
8	アカマツ・クロマツ類	7,412	3	8	トウカエデ	16,904	4
9	シンジュ	4,609	2	9	ケヤキ	12,370	3
10	ヤナギ類	4,459	2	10	ユリノキ	10,266	2
	合計	266,909	100		合計	431,005	100

昭和57(1982)年				昭和62(1987)年			
順位	樹種	本数	比率(%)	順位	樹種	本数	比率(%)
1	イチョウ	301,998	26	1	イチョウ	485,577	25
2	プラタナス類	199,830	17	2	プラタナス類	257,483	13
3	トウカエデ	142,537	12	3	サクラ類	255,732	13
4	ヤナギ類	91,426	8	4	トウカエデ	232,950	12
5	サクラ類	80,075	7	5	ケヤキ	189,846	10
6	ケヤキ	78,966	7	6	クスノキ	125,523	6
7	ニセアカシア類	73,225	6	7	ナナカマド	107,089	5
8	クスノキ	67,001	6	8	ニセアカシア類	106,050	5
9	イブキ類	65,400	6	9	ヤナギ類	104,995	5
10	外来ポプラ類	57,055	5	10	シラカシ	96,429	5
	合計	1,157,513	100		合計	1,961,674	100

平成9(1997)年				平成19(2007)年			
順位	樹種	本数	比率(%)	順位	樹種	本数	比率(%)
1	イチョウ	591,070	20	1	イチョウ	571,688	18
2	サクラ類	428,456	15	2	サクラ類	494,284	16
3	ケヤキ	411,915	14	3	ケヤキ	478,470	15
4	トウカエデ	316,956	11	4	ハナミズキ	332,718	10
5	クスノキ	247,301	8	5	トウカエデ	317,051	10
6	プラタナス類	228,697	8	6	クスノキ	271,428	9
7	ハナミズキ	210,280	7	7	モミジバフウ	195,819	6
8	ナナカマド	192,822	7	8	ナナカマド	195,577	6
9	シラカシ	179,112	6	9	プラタナス類	163,489	5
10	日本産カエデ類	143,703	5	10	日本産カエデ類	150,153	5
	合計	2,950,312	100		合計	3,170,677	100

イチョウが長年首位を維持していて、サクラ類とケヤキがこれに続く。ハナミズキはここ20年ほどで急速に増え、平成19年に4位となっている。プラタナスは平成19年時点では9位であるが、その地位は低下しつづけている。(豊原ほか〈2001〉、国土交通省国土技術政策総合研究所〈2009〉などの文献より作成)

剪定されたプラタナス。
プラタナスは生長が速いのでひんぱんに剪定が必要だ。繰り返し剪定をすると、剪定コブと呼ばれるコブができる。

なぜプラタナスは減ったのか

プラタナスが街路に植えられなくなった最大の理由は、維持管理のコストがかさむためである。

街路樹は、植えた後も剪定や害虫の防除などの世話が必要だ。

中でも特にコストがかかるのは剪定である。特にプラタナスは生長が速く、ひんぱんに剪定をしなければならない。強く剪定されているプラタナスの枝に、剪定コブというコブができていることがある。これは枝の同じ箇所を毎年繰り返し剪定するために、コブ状になってしまったものだ。

そもそも、街路樹にとって、なぜ剪定は必要なのだろうか。

プラタナスのように大きく育つ街路樹は、剪定をしないと標識や信号を隠してしまったり、電線、電柱、建物、車などと枝がぶつかってしまう。そうならないためには、毎年剪定して同じサイズを維持しなければならないのである。

新宿御苑の剪定していないプラタナス（下）と、剪定されているプラタナス（上）。
東京都新宿区にある新宿御苑には、明治後期に植えられ、剪定されずに巨木に育ったプラタナスの木がある。その直径は2mを超え、圧倒されるような大きさである。新宿御苑には、同じ時期に植えられたプラタナスの並木もあるが、こちらは毎年剪定をしているため、ごく普通の大きさである。これを見ると街路樹のプラタナスが剪定されている意味が実感できる。

さらに、剪定をしないと風通しが悪くなり、害虫や病気に侵されやすくなるうえに、台風のときに強い風をまともに受けて倒れやすくなる。また、枝がこみすぎると枯れ枝が生じて落下したり、秋の落ち葉が側溝や雨どいに詰まり、付近の住民から苦情がくることになる。

プラタナスは生長が速くて大きくなるうえに、葉が大型で落ち葉の量も多いし、根が浅いため風にも弱い。剪定がどうしても必要な樹種なのだ。

害虫防除も必要

剪定以外にも、街路樹には管理費用がかかる。例えば植え枡の除草、支柱の補修、枯れたり風で倒れた木の補植も必要である。生長が旺盛な木は、張りだした根が歩道の舗装を持ち上げたり、縁石を押しだしたりすることもあり、そうなると補修もしなければならない。

害虫の防除も重要だ。

プラタナスの場合、戦後になって外来の害虫であるアメリカシロヒトリが日本に入ってくると、しばしばその被害を受けている。

さらに、近年では別な外来の害虫も現れてきた。軍配のような不思議な形をした、プラタナスグンバイという虫だ。一般に、剝がれかけた樹皮の下には、虫がよく棲んでいるのだが、プラタナスグンバイは、プラタナスの迷彩服模様に剝がれた樹皮の下に隠れて越冬し、葉の汁を吸って葉を白くさせてしまう。街路樹を健康に保つには、害虫の防除も欠かせない作業なのである。

街路樹の維持管理コストはいくらかかるのか

街路樹の維持管理費用は、いくらくらいかかるのだろうか。

一例をあげると、東京都が管理するある地域の場合、プラタナスが街路樹全体の四割を占めていた一〇年ほど前には、年に二回の剪定を行っていたため、一本当たりにすると年間一万円強の維持管理費用がかかっていた。その約九割が剪定費用で、残りの約一割が害虫対策の薬剤散布の費用である。街路樹が一万本あれば、年間一億円の予算が必要となる。

プラタナスグンバイ。
最近増えはじめた外来の害虫である。プラタナス特有の剝げた樹皮をめくると、しばしば見かけるようになった。街路樹の維持には害虫の防除も必要だ。

普段何気なく見ている街路樹にも、相当な維持コストがかかるのだ。

しかし、この維持コストは樹種を変えることによって大幅に削減することが可能である。例えば、年二回剪定をしているプラタナスなどの現在の樹種を、剪定が二年に一回ですむ樹種に転換すると、維持管理費は約四分の一になる。加えてそれが害虫のつきにくい樹種であれば、さらに維持管理費が節約できる。このため、前述の地域では、プラタナスが植えられていた道路を中心に、ホルトノキやクロガネモチなどの樹種への転換が進められている。

樹種の転換を行わないで、剪定の回数を減らす方法もある。本来、プラタナスのような生長の速い木の剪定は、夏と冬の二回に分けて行うことが望ましいようだが、それを年一回だけ強い剪定を行う方法に変えれば、剪定のコストを削減することができる。

ただし、このような強い剪定をすると電信柱のような見苦しい樹形になり、特に夏に剪定した場合、歩行者がまともに強い日差しを浴びることになる。予算があまりにも少ないと、適切な剪定が行われないなど、剪定の質の低下も起こりうるので、難しいところだ。

一方で、京都市の場合、紅葉が美しい並木では、コストが余計にかかっても年二回の剪定を行っている。夏に強い剪定をしてしまうときれいな紅葉が見られなくなるので、紅葉前に一回目の軽い剪定を行って、翌年の一〜二月に二回目の剪定を行うのである。コストよりも美観を優先するのは、観光都市ならではの考え方かもしれない。

リストラされていくプラタナス

前述のように、抜本的に維持コストを削減するために、プラタナスなど維持コストの高い木から、別の維持コストの安い樹種に植えかえる自治体も少なくない。東京都では、特にプラタナス、エンジュ、シダレヤナギなどの街路樹が、ハナミズキなどのほかの樹種へ植えかえられている。どの自治体もコスト削減を求められていることを考えると、プラタナスのようにコストのかかる街路樹が凋落の一途をたどるのは無理もないだろう。

プラタナスは、日本が近代化していく時代、あるいは経済が右肩上がりで成長していく時期に活躍した街路樹であったが、コスト削減が求められる今、「リストラ」されている木なのである。日本に導入された当初のように斬新なイメージはすでになく、むしろあまりにも植えすぎて画一的な印象を与える木になってしまった。プラタナスが消えていく姿は、さみしい気がするが、街路樹の世界にもはやりすたりがあるのは避けられないのだろう。

剪定枝のゆくえ

全国の一般道には、高木だけで約六七〇万本の街路樹が植えられている。毎年膨大な本数の街路樹が剪定され、その結果膨大な量の剪定枝が出ることになる。

東京都は、「緑の東京一〇年プロジェクト」で、平成一七（二〇〇五）年に約四八万本あった都内の街路樹を、平成二七年には約一〇〇万本まで倍増しようとしている。これに加えて、新たに三〇〇ヘクタール以上の都市公園も整備する計画で、街路樹や公園樹が倍増すれば、当然、剪定枝も増加することになる。

剪定枝の処理方法は自治体によって異なるが、最近ではリサイクルが進んでいる。特に、枝を粉砕してチップ状にしてから数カ月かけて発酵させ、土壌の性質を改善する土壌改良材として農家や一般向けに販売している自治体が多い。

また、剪定枝は、燃料としても使われている。木片などを燃やし、発生させた水蒸気でタービンを回す木質バイオマス発電所の燃料となったり、木質ペレットとして、ペレットストーブやペレットボイラーの燃料に用いられる。木質ペレットとは、木片を粉砕し円柱状に圧縮した固形燃料である。

さらに近年では、剪定枝から車を走らせる液体燃料を作りだす研究も行われている。

粉砕した剪定枝などのチップを廃プラスチックと混ぜることによって、優れた素材も開発されている。これは、木材・プラスチック再生複合材と呼ばれ、加熱して溶かすことによって金型で形を造ることができ、木の風合いを残しながらも、腐らずトゲも出ない画期的な再生材だ。

剪定枝はいわばゴミである。街路樹や公園樹が増えれば、必然的にこのゴミも増えていくし、その処理コストも増える。安いコストで、ゴミを資源に変える技術の開発が、期待されるゆえんである。

ヤマボウシ

山法師

サルが作った、とろりと甘い果実

甘さに対して貪欲な霊長類

体重が気になるのだが、どうしても甘いものはやめられないという人も多いだろう。満腹だと思っていても、デザートのケーキは「別腹」として、食べてしまう。糖分を摂取すると、快感をもたらす神経伝達物質が脳内に分泌されるという。だから、甘さは理性を麻痺させる麻薬のような効果があり、やめられないのだ。

味覚は動物が生きていくうえで重要な感覚である。人が糖分をおいしく感じ、つい食べてしまうのは、栄養価の高い物質を体に取りこむことが、生き残るために有利だったからだろう。疲れてくると甘いものを食べたくなるのも、体がエネルギーを求めているからである。逆に毒物を摂

取しないように、苦みなどの不快な味覚も発達している。

人間に似て、山にいるサルたちも甘いものが好きだ。野生のニホンザルは雑食性だが、果実は大好物である。近年は、サルが人里にやってきて畑を荒らす被害が増えているが、リンゴやミカンなどの果樹園でも、ニホンザルの被害が発生している。また、山村の過疎化が進み、誰も収穫しなくなったカキの実を目当てにサルが里に下りてくることが増えたという。

霊長類は、基本的に甘いものが好きだ。霊長類の祖先は昆虫を中心に食べていたようだが、植物の中に甘い果肉をもった果実をつけるものが現れ、約三〇〇〇万年前までには果実を主食とする霊長類が出現していた。はるか昔から、霊長類はフルーツを食べていたのである。

ヤマボウシの果実の味

日本の山野に生えている木のうちで、果肉がおいしい木としては、ヤマモモ、クワ、ヤマボウシなどがある。中でもヤマボウシの実は、直径が一・五センチメートルくらいの球形で、赤く熟すとマンゴーのようなまろやかな甘みと、ねっとりした食感があり、生で食べても、ジャムにしてもおいしい。

ニホンザルはいろいろな木の実を食べるが、甘いヤマボウシの実もその好物のひとつだ。サル

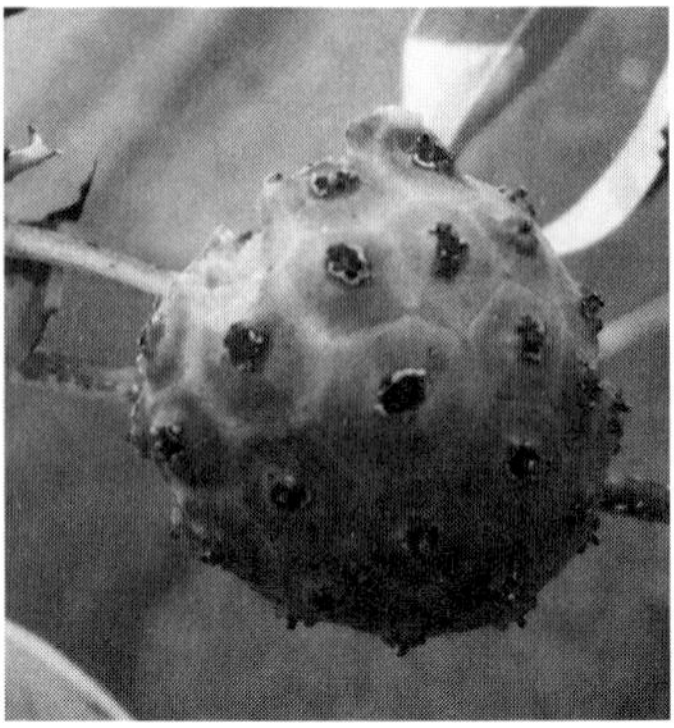

ヤマボウシの果実。
赤く熟すと甘くおいしい。多くの単果が集まって癒着し、ひとつの実をつくっている複合果で、中心部に種子が数個入っている。表面の突起は、雌しべの跡である。左側に鳥がつついたような跡がある。

にとっては、ヤマボウシの実は重要な食料だ。そしてヤマボウシにとってもサルは重要な種子の散布者である。

サルが実を食べれば、サルが歩きまわった後に、糞と一緒に種子を落とすので、親の木から遠く離れた場所にも子孫が増えていく。サルは、一日で一〜三キロメートル程度は移動するので、ヤマボウシにとっては、ありがたい種子の散布者だろう。

ヤマボウシは、本州、四国、九州の冷温帯に広く分布するが、ヤマボウシとサルは、お互いに助け合いながら、それぞれの生育地、生息地の分布を広げてきたのだろう。

一方、ヤマボウシの実は、ムクドリなどがつつくことはあるが、丸飲みしてくれないので鳥による種子散布は期待できないようだ。一般の鳥が丸飲みするには、ヤマボウシの実は大きすぎるのである。

サルが進化させたヤマボウシの集合果

ヤマボウシによく似た木にハナミズキがある。ヤマボウシとハナミズキは同じミズキ科ミズキ属に属する近縁種である。しかし、ハナミズキの実はヤマボウシの実よりもずっと小粒である。そして、いわゆる単果（ひとつの雌しべに由来する果実）が房状に集まっている。その実は赤くておいしそうだが、青臭くて食べられない。これに対してヤマボウシの実は、かなり大きい。ヤマボウシの実は、いくつかの果実が寄せ集まって癒着し、ひとつの実をつくっている「複合果」である。そして、味は甘い。

両者の果実の外見は、ずいぶん異なる（口絵⑫⑬）。もうひとつ異なる点は、その分布域である。ヤマボウシは本州、四国、九州と朝鮮半島、ハナミズキは北米に分布する。

ハナミズキとヤマボウシは、花もよく似ている近縁の種どうしなのに、なぜこれほど果実の形が異なるのだろう。一説によると、その違いは、果実をサルが食べたか、鳥が食べたかによ

ハナミズキの果実。
ヤマボウシの実と違って人間の食用には適さない。果実は単果で、内部に種子がひとつ入っている。

って生じたという。

両者の祖先はハナミズキタイプの単果をもつ木で、広く北半球に分布していたのだが、その中から、ユーラシア大陸にヤマボウシタイプの複合果をつける突然変異が出現した。ユーラシア大陸のサル（ニホンザルの仲間であるマカク属）は、そのヤマボウシタイプの果実を好んで食べたために、よく種子が散布され、増えていったという。ヤマボウシタイプの果実は、赤くて目立つだけでなく、甘くて、サルにとっても食べやすかったのだろう。

一方、北米大陸では、サルが赤色を識別できなかったり、ミズキ属の分布域とサルの分布域が重ならなかったりして、サルに食べられなかった。かわりに北米大陸では鳥がよく食べたため、鳥が食べやすいハナミズキタイプの単果が存続しつづけたという。

ユーラシア大陸のサルは、長い年月をかけて、ヤマボウシが大きくて甘い果実をつけるように「品種改良」してきたといえるかもしれない。

街路樹としてのヤマボウシ

街路樹としてのヤマボウシは、ハナミズキほどではないが、人気は高い。ヤマボウシは、花や紅葉がきれいであるうえに、それほど大きくならないので管理しやすく、比較的病気に強いので、

初夏の街路樹のヤマボウシ。
満開の花で、雪を被ったように白い。花や実がきれいであるうえに、頑健で、それほど大きくならないので管理しやすく、街路樹に向いている樹木である。

ハナミズキの花（左）と、ヤマボウシの花（右）。
ともに白い苞がよく目立つ。ハナミズキは苞の先がへこむが、ヤマボウシの苞の先はとがる。また、ハナミズキは葉が出そろう前に花だけが咲くが、ヤマボウシは葉が出てから花が咲く。

街路樹に向いている木だといえるだろう。花はハナミズキによく似ているが、ヤマボウシは葉が出そろってから咲くし、白い四枚の苞《ほう》の先端はとがっている。満開になると、水平に伸びる枝の上に、十字型の花が流れるように並び美しい。また、赤い実は観賞に堪えるし、食用にもなる。

ただし、戦時中の食糧難の時代ならいざしらず、飽食の時代といわれるこんにち、街路樹のヤマボウシの実を採って食べる人は少ない。

そもそも、実がなっていることに気づかなかったり、食べられることじたいを知らない人が多い。排気ガスを被った木の実をわざわざ食べたくないという人もいるだろう。

また、街路樹の果実を、所有者（国や地方自治体）に無断でもいでしまうと、厳密にいえば法的には窃盗罪に問われる可能性がある。

サルから見れば、甘いヤマボウシの果実を食べないヒトは、じつに不思議な生き物に見えるだろう。

道路に落ちたヤマボウシの果実は、道を汚すし掃除も大変だという声も聞かれる。しかし、せっかく実った果実である。ヤマボウシの街路樹がある商店街では、イベントとして果実でジャムなどを作って食べるのもおもしろいかもしれない。

実際に北海道の伊達市では、商店街のヤマボウシの実を使ってロールケーキを作るイベントを行ったことがある。ただし、ヤマボウシは、開花や結実に周期性があり、果実がよくなる年と、ならない年があるので、毎年必ずできるイベントにはならない。それでも、普段気にもとめなかった身近な街路樹と親しむよい機会になるのではないだろうか。

フルーツの街路樹

リンゴ、ブドウ、ナシ、モモなど、スーパーや八百屋で売っているフルーツは、じつに甘くておいしい。しかし、これに対して野生の木の果実は、一般的に味では劣る。これはもちろん、栽培され流通しているフルーツは、人間がたいへんな努力を重ねて、品種改良してきた結果だ。サルと同様に、人間もフルーツをよりおいしくしようとしてきたのである。

全国には、フルーツのなる木を街路に植えているところもある。現在、北海道や長野県など一〇を超える県で、果樹が街路樹として植えられている。果樹の種類は、リンゴ、ミカン、ナシ、カキ、カリン、ウメ、アンズなどであり、地域の特産品であるケースが多い。フルーツのなる街路樹は管理に手間がかかる場合もあるが、一方で地域のシンボルとなるし、観光客に対して特産品をアピールする効果もある。

フルーツのなる並木として有名なのが、長野県の飯田市のリンゴ並木である。

飯田市はリンゴの産地であるが、昭和二二（一九四七）年に市街地の四分の三を焼失する大火があり、その復興の際に、中央に防火用の緑地帯のある道路が市街地を貫いて造られた。昭和二八年、この道路の緑地帯にリンゴの木が植えられた。これが飯田市のリンゴ並木の始まりである。

このリンゴ並木を植えたのは、近くの飯田東中学校の中学生たちであった。リンゴは、育てるのに非常に手間がかかるうえに、苦労の末に実がなっても無断でもいでしまう心ない人もいた。老木になると植えかえも必要となった。それでも、リンゴ並木の世話は、約六〇年間にわたり先輩の中学生から後輩へ受け継がれ、飯田の街のシンボルとなっている。

長野県には、観光用のリンゴ園がいくつもあって、もぎとりの野趣を楽しめる。たわわに実った甘いリンゴをもいでみれば、ささやかな野生の感覚を楽しめる。木の実をもぐと、不思議とわくわくするのは、子どもの頃に野山で木の実を採ったなつかしい記憶からだろうか。あるいは、動物としての本能が騒ぐからだろうか。

トチノキ

栃の木

栄養たっぷりの大きな実も、街路では悩みのタネに……

東日本に多いトチノキの並木

トチノキは落葉性の高木で、おもに冷涼な気候の地域に分布し、渓谷では巨樹となったトチノキを見かけることがある。街路樹としては、どちらかというと東日本でよく植えられていて、寒さに強いため北海道でもかなり植えられている。

トチノキの並木は珍しいものではないが、中には日本のトチノキが植えられているのに「マロニエ通り」と名がついている通りもある。マロニエとは、ヨーロッパ原産のセイヨウトチノキのことで、日本のトチノキと似ているが、葉はひとまわり小さめで、実にトゲがあり、厳密には日本のトチノキとは別の種なのである。だが、日本のトチノキのことをマロニエと呼ぶ人は多い。

栃木県庁前のトチノキ並木。
樹齢70年を超える貫録がある木もあり、宇都宮市のシンボルロードとなっている。落ち葉の清掃など、市民も並木の維持に協力している。

というのも、マロニエは、パリのシャンゼリゼ通りに植えられている木であって、おしゃれなパリのイメージがあるからだろう。

高級ハチミツの蜜源となる花

トチノキは、漢字で書くと「栃の木」である。県名にゆかりがあることから、トチノキは栃木県の県木となっていて、宇都宮市にある栃木県庁の前には五〇本のトチノキの並木がある。

この並木は、かつて県庁が焼失し、その後再建された翌年、昭和一四（一九三九）年に地元の篤志家によって植えられたものだ。戦災などでかなり本

トチノキの花。
小さな白い花が円錐形に集まって立ち上がる独特の形をした花である。その花蜜はハチミツの重要な蜜源ともなっている。

数は減ったが、新たに補植されて、現在では緑のトンネルになるまで育ち、宇都宮市のシンボルにもなっている。

栃木県庁前のトチノキ並木は、四月の終わり頃になると、白い花を咲かせはじめる。

トチノキの花は、小さな白い小花が円錐形に集まって立ち上がる、独特の形をした花である。ひとつひとつの花は小さいのだが、それが立体的に集まり、長い雄しべをたくさん出しているので、にぎやかな印象がある花だ。

トチノキの花は蜜が大量に出るため、さまざまな虫たちが訪れ、ハチミツの重要な蜜源ともなっている。トチノキの花蜜から採れたハチミツは、独特の香りをもっていて、上質なハチミツとして売られている。数年前、トチノキの花期である四月末から五月にかけて、栃木県の県庁舎の屋上に蜜箱を設置して、一カ月間ミツバチの飼育が行われた。これは栃木県の養蜂組合と県が、県産のハチミツのＰＲの一環として行ったイベントであり、八万匹のミツバチが飼われた結果、

トチノキの葉。
葉が車輪状について破れ傘のように見える。トチノキの並木は、大きな葉をたくさん茂らせて、大きな緑陰をつくる。

一カ月で四一キログラムものハチミツが採取され、県庁内のレストランで出された料理やケーキに使われたという。そのハチミツの蜜源はもちろん庁舎の前のトチノキ並木の花であった。

重厚な雰囲気と緑陰をつくる

トチノキは、生い茂った葉が重厚な雰囲気を生みだし、大きく育つと風格ある並木になる。

東京では、官庁街である霞が関の桜田通りのトチノキ並木がみごとである。これは明治四五（一九一二）年に植栽された歴史のある並木で、外務省から警視庁にかけての六〇〇メートルほどの

桜田通り（警視庁前）のトチノキ並木。
明治45年に植栽された歴史のある並木で、外務省から警視庁にかけての600mほどの区間に約70本のトチノキが植えられている。

区間に約七〇本のトチノキが植えられている。

トチノキ並木が重厚な雰囲気なのは、葉が大きいからだろう。一枚一枚の葉が大きいうえに、まるで破れ傘のように枝先に車輪状につくので、濃い緑陰をつくる。このような車輪状の葉のつけ方はお互いに葉が重ならず、光をむだなく受け取ることができるという。

大木になったトチノキは、その下を歩く人にとってはまたとない日傘になる。

その大きな葉は強い光からトチノキ自身の幹も保護しているので、あまり強く剪定してしまうと、歩行者が困るだけでなく、トチノキの幹が日焼けを起こして傷んでしまうという。

夏の間のトチノキは落ち着いた印象を与えるが、春の芽吹きや若葉の季節には、また別な顔を見せる。開いたばかりの若葉は、赤みを帯びた萌黄色で、始めはたたまれた傘のような形をしているが、やがて光を浴びようとして大きく開いていく。開いた若葉が雨にぬれると独特の色艶を見せてくれるし、逆光に照らし出された葉の裏側もステンドグラスのように美しい（口絵⑭）。

大きな実が招いた問題

トチノキのもっとも目立つ特徴は、その実である。夏になると、枝には薄い褐色のゴルフボールほどの実が房になってぶら下がる。この実の外側の皮は厚いのだが、夏の終わりになると皮が三つに割れてクリに似た種子が顔を出し、自然に落下する。山野では、地面に落ちた種子は、ネズミなどの動物が集めて運び、地中に埋める。その多くは拾い主の動物が食べてしまうが、そのうちのいくつかが芽生えてトチノキは子孫をつないでいく。

トチノキがこれほど大きな種子をつけるのは、子孫のためである。自然界では、せっかく種子が発芽しても、その実生が動物に食べられてしまうことも多い。しかし、大きな種子には栄養がたくさん詰まっているので、たとえ芽生えが動物に食べられても、種子に残っていた栄養を使っ

トチノキの実。
夏に薄い茶色のゴルフボールほどの大きな実が房になってつき、夏の終わりになると自然に落下する。落下した実が歩行者や車に当たらないように、落下する前に棒でたたいて落としている並木もある。

てもう一度芽を出すことができる。実のサイズにも、長い進化の歴史の中で獲得した、生き残りのための戦略が隠されている。

　しかし、トチノキを街路樹として植えたとき、この大きな実がトラブルを引き起こすことがある。というのも、この実が落下して歩行者に当たることがあるからだ。また、落ちてきたトチノキの実が駐車中の車に当たって傷がつき、管理していた自治体が損害賠償したケースもある。

　このため一般の街路では、実がならないようにトチノキの枝を強く剪定していることも少なくない。剪定を行わずにのびのびと育てている栃木県庁のトチノキ並木では、実が落下する前の夏のうちに高所作業車に乗った作業員が棒でたたいて、トチノキの実を落としている。

　東京の霞が関にある桜田通りでも、トチノキの実が自然落下する前の八月末に、やはり高所作業車に乗った作業員が竿で実をたたき落とし、落とした実は希望者に拾ってもらう「トチノミ拾い」のイベントを行っている。トチノキの実はおいしいトチモチ（栃餅）の材料になるが、実際はアク抜きが大変であり、引き取られたトチノキの実は、ほとんどが子どもたちが観察したり、遊んだりする道具になっているようだ。

近年増えてきたベニバナトチノキ

街路樹にも流行があって、目新しいものが喜ばれることがある。トチノキの花は白が基調だが、日本人にとっては、白い花はありきたりで、それほど珍しくないのかもしれない。そこで近年増えているのが、ピンク色の花をつけるベニバナトチノキである（口絵⑮）。

県庁前のトチノキ並木で有名な宇都宮市でも、駅前のメインストリートである駅前大通ではベニバナトチノキが植えられている。ベニバナトチノキは、前述のマロニエ（欧州原産で白い花をつける）と、アカバナトチノキ（北米原産で濃い赤色の花をつける）の二種を交雑させた園芸品種である。

日本のトチノキの実にトゲはないが、ベニバナトチノキの実には、マロニエと同様に小さなトゲが生えている。ただし、ベニバナトチノキには、実はほとんどならない。したがって、ベニバナトチノキは、実が落下して人や車に当たる危険が少なく、その点では街路樹により向いているのかもしれない。また、ベニバナトチノキは、日本のトチノキほど大木にならないので、比較的狭い街路にも植えられるようだ。

しかし、ベニバナトチノキを街路樹として植える場合、難しい点もある。それは、種子がほとんどできず接ぎ木でしか増えないので、苗を大量生産できないという点だ。また、接ぎ木の台木には日本のトチノキの切り株を使うのだが、台木とした日本のトチノキから芽が伸びてきて、それが優勢となると白花のトチノキになってしまうのである。これを防ぐために台木から出てくる芽を除去する作業が必要となる。

それでも、ベニバナトチノキの花には、人を引きつける魅力がある。緑の葉とピンクの花はお互いを引き立たせ、ピンクの花は見る人の気持ちをどこか高揚させる。人の色覚は、赤に敏感であり、赤は温かみ、情熱、興奮、生命力をイメージさせる色だ。

赤い花を咲かせる街路樹は少ない。だからこそ、ベニバナトチノキのピンクの花は目新しい。人間の都合で植えられている街路樹は、常に新しいものが求められ、次々に進化していく。街路樹を進化させているのは、人間の欲求という、自然界にはない淘汰である。

タブノキ

椨の木

酒田大火を体験した火伏せの木

飛島《とびしま》に生える北限域のタブノキ

新潟市と青森市を結ぶ国道七号線は、日本海の眺めが美しい国道だ。この国道七号線が山形県と秋田県の県境にさしかかるあたりに三崎山《みさきやま》という小山があり、そこに緑の色濃い樹林がある。タブノキの樹林である。

タブノキは、厚くて艶のある葉を茂らせる常緑樹である。このような木を総称して照葉樹と呼ぶ。照葉樹は、日本では暖温帯と呼ばれる比較的暖かい土地に分布する。だから、東北地方の岬に、光沢のある大きな葉が生い茂るさまには、不思議な印象を受ける。まるで四国の南部や伊豆のような南国に来たようだ。

三崎公園のタブノキの樹林。
冬は日本海からの季節風が強い場所であり、海と反対側の風下斜面に生える。タブノキは暖地性の常緑樹であり、ここはほとんどタブノキの北限に近い。

三崎山の周辺は、三崎公園という公園として整備されていて、遊歩道から雄大な日本海を眺めることができる。そして晴れた日には、その沖合に小さな島影が見える。この島が飛島である。

飛島は三崎公園の沖合約三〇キロメートルに浮かぶ小さな島で、山形県酒田市に属し、酒田港からフェリーで渡ることができる。

この飛島にも、タブノキの樹林が見られる。対岸の本土から、鳥が種子を運んで増えていったものだろう。

飛島にはタブノキ以外にも、ヤブツバキ、モチノキ、ヒサカキ、ヤツデ、テイカカズラ、ムべといった暖地性の常緑樹も生えていて、その北限域となっているものも多い。

寒さに弱いのに北国に見られる理由

タブノキは、暖地を好む常緑樹で、寒さにそれほど強くないため、おもに関東以西の暖地に分布する。それなのに東北地方の山形県に、タブノキが青々と生い茂っているのは、奇異に思える。

一般に、常緑広葉樹は寒さに弱く、タブノキも東北地方にはほとんど分布しない。ただし、東北地方でも、海辺に限っては、タブノキの樹林が点々と見られ、その自生地の分布の北限は、太平洋側で岩手県、日本海側で秋田県である。

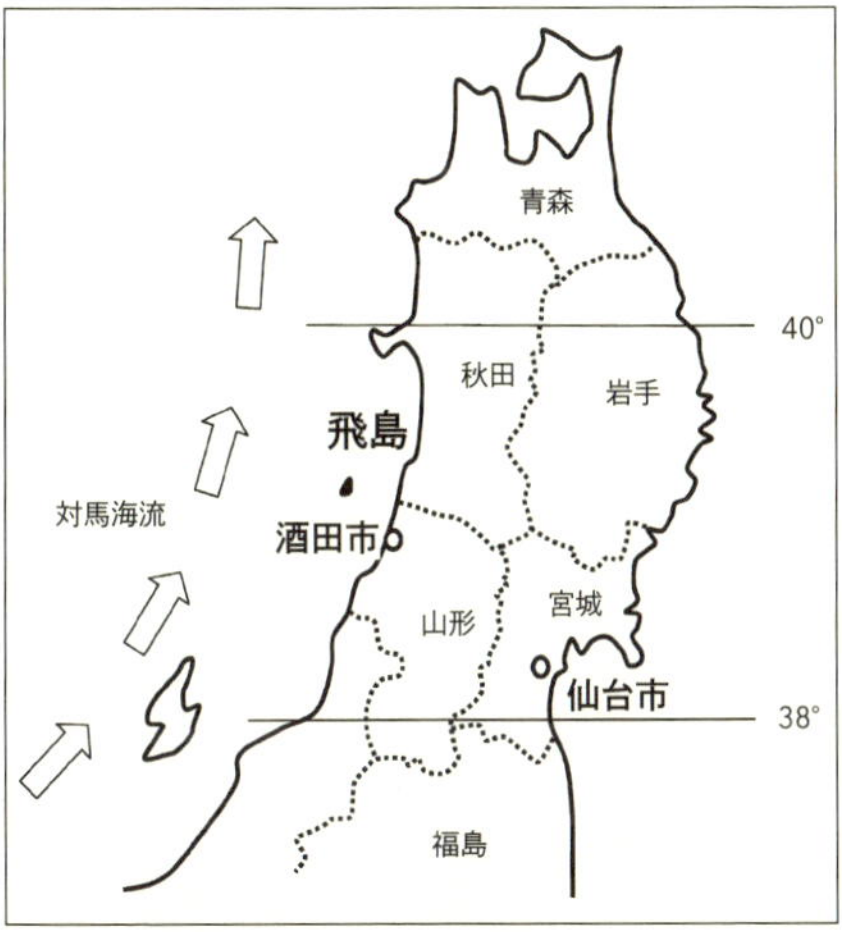

飛島は、周囲10km、人口は約200人の小さな島である。鳥海国定公園の一部に指定されていて、タブノキやモチノキといった常緑樹の樹林が見られる。寒さに弱いタブノキがこの北の島で見られるのは、海洋性の気候で冬が暖かいためだ。

タブノキの北限が、海辺にそって北

へ延びているのは、内陸よりも海辺のほうが冬に暖かいからである。

それを明確に示すのが、先に述べた飛島である。飛島の海底には、暖かい海でなければ育たないサンゴも群棲している。飛島の海が暖かいのは、海に囲まれているおかげである。特に日本海には暖流である対馬海流が流れこんでいて、飛島はこの暖かい対馬海流に洗われている。

タブノキはマイナス一〇度を下まわる寒さに一定時間さらされると枯れてしまうのだが、過去三〇年間の気象統計（一時間ごとの記録）を見ても、飛島の最低気温は、マイナス七・五度であり、タブノキの生育が十分に可能な場所である。ちなみに、東京都八王子市の最低気温の記録はマイナス八・六度で、八王子よりも飛島の最低気温のほうが高い（暖かい）。飛島はタブノキの北限域に位置するのだが、冬の暖かさがタブノキの生育を助けているのである。

海辺の環境に適応したタブノキ

庄内地方は、冬に強い季節風（北西風）が吹くことで知られる。冬になると日本海からの烈風が吹きつけ、地吹雪が起こるため、「雪が下から降る」と表現されるほどだ。海岸の岩礁では、荒波が激しく打ち寄せ、波しぶきが泡となって舞い上がる「波の華」という現象が見られる。

三崎山でも飛島でも、タブノキの樹林は風を避けるように、風下にあたる東側斜面に張りつくように生えている。そして、冬の季節風がまともに当たる西側の斜面は、木が育たずに草原となっている。

海辺は内陸よりも暖かいが、樹木が海辺で生きるためには、強い風に耐えるだけでなく、塩害とも戦わなければならない。海辺の植物は、風が強い日には波しぶきを被る。葉についた塩分は、葉内の水分を奪ったり、体内に侵入して毒性を示して、植物を弱らせる。

しかし、タブノキは、葉の表面にある光沢がある層（クチクラ層）によって塩分の葉内への侵入を阻止するなど、塩分の影響を避ける能力が高いという。

タブノキは、海辺という環境にうまく適応した木であるといえるだろう。

光沢のある厚いタブノキの葉。
葉の表面には光沢があり、照葉樹とも呼ばれる。タブノキは風や塩害に強く、海辺という環境に適応している樹木だ。

街路樹としてはマイナーなタブノキ

タブノキはどんな木かと聞かれて、その外見のイメージがすぐに浮かぶ人は少ないかもしれない。

タブノキは、外見上の特徴があまりない木なのである。花は五月頃咲くが、黄緑色の小さな花なので、目立たない。果実、葉、幹、樹形にも、際立った特徴はなく、常緑なので秋になっても紅葉することもない。どちらかというと地味な木なのだ。

タブノキは、九州や四国では、街路に植えられることもあるが、街路樹としてはそれほどポピュラーな木ではない。その一因は、やはり地味だからかもしれない。

ただし、タブノキは、春に出る新葉が鮮やかに赤く、よく目立つ。新葉は、束になって枝先につくので、まるで赤い花のようにも見える。果実は丸い液果《えきか》（果皮が多肉質で水分が多い果実）で、長い果柄《かへい》の先につく。夏に実が黒く熟してくると、この柄（果柄）も鮮やかに赤くなるので、よく映える。また、冬芽もほんのりと赤みを帯びる。気をつけてみれば、タブノキは季節ごとに現れる色の変化を楽しめる木である。

火伏せの木であったタブノキ

飛鳥が属する酒田市では、昭和五〇（一九七五）年にタブノキを「市の木」に指定している。その理由は、飛鳥がタブノキの北限として知られていたためだ。

もっとも、酒田では、家の敷地、特に強い季節風の当たる北西側に「防風」「防火」の役割を

酒田市役所前のタブノキ。
保存樹に指定されて保護されている。酒田では、冬に強い北西季節風が吹く。かつて日本一の大地主といわれた本間家の本邸にも古くから「防風」「防火」の役割を果たすタブノキが植えられていた。

果たすタブノキなどの照葉樹を植えていたらしく、かつて日本一の大地主といわれた本間家の本邸にも古くからタブノキが植えられていた。タブノキは、酒田の気候風土と深くかかわってきた樹木だといえるだろう。今でも本間邸や市役所の敷地には、タブノキの大木がある。

酒田市では、昭和五一年一〇月末、折からの強い西風にあおられて中心街の二二・五ヘクタール、約一八〇〇棟の建物を焼失する酒田大火が発生している。

酒田大火の被災地の南側には、本間家の屋敷があったが、敷地にあった大きな土蔵や、タブノキなどの樹木が、

酒田大火の復興地の街並みと、街路のタブノキ。
昭和51年の酒田大火の後、復興地域には、タブノキ、モチノキ、イチョウなど、防火性の高い常緑樹を中心とする約1000本の街路樹が植えられた。

屋敷への延焼を食い止める役割を果たしたと伝えられている。このため、タブノキの防火効果は「タブノキ一本、消防車一台」と表現され、高く評価された。

樹木の防火機能は、古くから経験的に知られているが、樹木は火災時の熱や火の粉を遮断したり、周辺の風速を落とす機能がある。また、葉に含まれる水分が蒸発することによって気流の温度を低下させる。こういった機能によって延焼を防ぐのである。

一般に、落葉広葉樹や針葉樹よりも、葉が厚く水分の多い常緑広葉樹のほうが、防火能力が高いといわれている。実際に、酒田大火のケースでも、落葉広葉樹や針葉樹は、焼けてしまったものが多かったが、常緑広葉樹のほうは被害が少なかった。タブノキは葉が厚く、水分に富み、高い防火能力があるといわれている。しかも常緑で冬でも葉を落とさないため、冬季の火災であっても防火機能が期待できる。

酒田市内の街路樹としては、サクラ類やケヤキが多いのだが、大火の後、復興地域には、タブノキ、モチノキ、イチョウなど、防火性の高い常緑樹を中心とする約一〇〇〇本の街路樹が植えられた。現在でも、復興地区の街路を歩くと、タブノキやモチノキの街路樹を目にすることができる。

日本海とともに生きてきたタブノキ

酒田市の街路に植えられたタブノキには、冬の季節風である北西風によって、風上側の枝が枯れてしまう現象も起こるという。サクラやケヤキは冬に葉を落としているが、常緑のタブノキは、冬の間も、寒さ、強風、塩害に耐えなければならない。北限域のタブノキは、常緑の厚い葉をもつがゆえに、日本海の冬と戦わなければならない宿命を負っている。

酒田市は、平成一七（二〇〇五）年に、内陸側の三つの町と合併した。この町村合併にともなって、拡大された酒田市の「市の木」を新たに選ぶことになった。その結果、酒田市の木は、ケヤキに変更されてしまった。確かにケヤキは有用な樹木で、どこでも見られ、よく知られているが、言い換えれば、月並みな木だ。

タブノキは、ケヤキのように樹形がきれいではないし、紅葉もしない。ケヤキのようにどこでも見られるわけではなく、知名度も低い。しかし、タブノキは、日本海とともに独特の生き方をしてきた木である。酒田においてタブノキは、けっして月並みな木ではない。

ナナカマド

七竈

赤い実が美しい、北海道でもっとも植えられている街路樹

北海道ならではの街路樹

ナナカマドは、高さ一〇メートルほどになるバラ科の落葉広葉樹である。北海道から九州までの冷涼な土地に分布し、亜高山帯の針葉樹林内にもよく見られる。花は初夏に咲く。五枚の花弁をもった小さな花が、枝先に房状に集まって咲く様子が、柔らかな印象を与える花である。そして、秋にはその葉が鮮やかに紅葉する。

このナナカマドは、北国の街路樹として使われている。関東より西の暖地に住む人にとってはナナカマドの街路樹というのは見慣れないものだ。しかし北海道では街路樹として普通に見られる木である。

北海道に植えられている街路樹（高木）の上位10種（2007年、国土交通省調べ）

順位	樹種名	本数	比率（%）
1	ナナカマド	147,199	15
2	イチョウ	67,177	7
3	サクラ類	63,662	7
4	アカエゾマツ	58,069	6
5	日本産カエデ類	56,532	6
6	ハルニレ	47,729	5
7	ニセアカシア	39,145	4
8	プラタナス類	39,003	4
9	シラカンバ	38,525	4
10	プンゲンストウヒ	32,532	3
	その他	371,723	39
	合計	961,296	100

気候を反映して常緑（広葉）樹は見られず、ナナカマド、アカエゾマツ（常緑針葉樹）、ハルニレ、シラカンバなど、他県ではあまり見られない種も多い。（国土技術政策総合研究所資料第506号より転載）

北海道では冬の寒さが厳しいためクスノキやカシ類などの常緑（広葉）樹の高木が育たない。したがって北海道の街路樹としては、落葉（広葉）樹が多く使われる。その落葉樹の中でも、もっとも多く植えられているのがナナカマドである（表参照）。

ナナカマドは、大気汚染や病気に弱い面があるものの、一〇メートル程度の高さにしかならず、剪定などの管理に手間がかからない。さらに、白い花や果実が美しく、紅葉も鮮やかなので、北海道では街路樹としてよく使われているのである。

旭川のシンボルとなっているナナカマド並木

北海道では、多くの市町村が、ナナカマドを「市町村の木」に指定している。北海道の中央に

旭川駅前のメインストリートである緑橋通りのナナカマド並木。
ナナカマドは旭川市の「市民の木」であり、街のシンボルでもある。

位置する旭川市も「市民の木」に指定しており、旭川市の街路樹のうちの約二割をナナカマドが占めている（口絵⑰）。旭川市の道路を歩くと、ナナカマドの葉と実をデザインしたマンホールの蓋を見ることができる。

昭和四〇年代に、遠いふるさとの並木道を懐かしむ「ナナカマドの並木路」という歌謡曲が作られ、テレビドラマの主題歌にもなった。その作詞者は旭川に生まれ、長く暮らし、『氷点』を書いた作家の三浦綾子であった。旭川の人々にとっては、ナナカマドはやはり郷土の象徴ともいえる木なのだろう。

旭川では九月に入ると早くもナナカマドの実が色づきはじめる。

秋が深まるとともに枝には、オレンジ色の丸い実が、房状に集まって垂れ下がる（口絵⑯）。この実は、紅葉が終わり葉が散っても枝先に残っていて、晴れた日には鮮やかなオレンジ色が青空に映えて、むしろ目立つようになる。やがて雪が降るようになっても、その実はまだ枝に残っているので、雪を被った赤い実は、旭川の冬の風物詩ともなっている。この雪を被ったナナカマドの赤い実を、旭川生まれの作家の井上靖は「灯をともしたランプ」に喩えている。

ナナカマドの実には、アントシアンやカロテノイドといった物質が含まれていて、それが独特のオレンジ色を生みだしている。アントシアンはワインやブルーベリーに多く含まれ、目の疲労回復や、老化防止に効果があるといわれる。また、ビタミン類も豊富であるという。

では、このナナカマドの赤い実は、おいしいのだろうか。一見おいしそうだが、生では苦くて食べられない。口が曲がるほど苦いのである。ヨーロッパではナナカマドの実でジャムやゼリーを作るというが、日本には食べる文化はあまりない。むしろ美しさを鑑賞する対象なのだろう。

赤い実は鳥たちへのアピール

二〜三月になると、旭川のナナカマド並木には、尾の先端に鮮やかな黄色が混じる、灰褐色の鳥が集まってくる。この鳥はキレンジャクである。

キレンジャクは、北半球の寒帯で繁殖し、南下して越冬する鳥で、日本では冬鳥である。したがって、春になってシベリアへ帰っていく途中で旭川に寄るのである。旭川の人々にとっては、春の兆しを告げてくれる鳥であろう。

ナナカマドの枝には、秋になるとオレンジ色の丸い果実が房になって垂れ下がる。この実は秋口には苦いのだが、冬を越すと苦みが消える。

旭川市の「市民の木」はナナカマドであるが、「市民の鳥」にはキレンジャクが選ばれている。ナナカマドの実は鳥たちに人気があり、キレンジャクも大好物である。

しかし、鳥にとってナナカマドの実は、苦くてまずくないのだろうか。

その心配はないようで、秋には苦いのだが、冬を越すと苦みが抜けるのである。

ナナカマドの実から苦みを消すのは冬の寒さである。寒さにさらされると苦みの成分が分解されるのだ。年によってばらつきがあるが、キレンジャクが旭川にやってくるのはおおむね二

〜三月であり、この頃には苦みも抜けて食べ頃になっているのかもしれない。

ナナカマドの実は、ツグミ類、アトリ類、ヒヨドリ、ムクドリなどたくさんの鳥が食べる。鳥たちは実を食べた後で移動し、親の木と離れた場所に糞と一緒に種子を散布する。果肉の部分は鳥の栄養となるが種子は消化されないので、落下した場所で芽生えることができる。ナナカマドはこうして子孫を維持しており、ナナカマドにとって鳥は子孫を残す手伝いをしてくれる、大事なお客様なのである。

鳥は赤い色をよく識別するので、ナナカマドの赤い実は鳥たちにとってもよく目立ち、見つけやすい。鳥たちがよく果実を食べてくれれば、子孫も増えることになる。ナナカマドの実の赤は、子孫を残してくれる鳥たちへの大切なアピールでもあったのだ。

寒さに強い理由は何か？

旭川は、北海道の中央部に位置する都市である。内陸的な気候であり夏と冬の気温差が大きく、冬の寒さは北海道の中でも特に厳しい。過去三〇年間（一九八一〜二〇一〇年）の一月の平均気温はマイナス七・五度で、明治三五（一九〇二）年一月には日本の観測史上で最低となるマイナス四一・〇度という気温を記録している。厳冬期になると、気温は一日中零度以下なので、旭川市民は真冬になると気温に氷点下やマイナスをつけないという。

ナナカマドは日本の樹木の中でも、特に寒さに強い木のひとつである。緯度の高い北海道で、さらに標高の高い大雪山の中腹にも生えていることからも、その耐寒性がうかがえる。

一般に樹木は、寒さの限界を超えると、葉、冬芽、枝などの中の水分が凍り枯死してしまう。しかし寒冷地の木は、細胞内部の水分の濃度を高め、凍りにくくすることによって厳しい寒さに耐えている。このような工夫で、ナナカマドの枝はマイナス三五度まで凍らないことがわかっている。

また、寒冷地では、道管《どうかん》（幹の中の水を吸い上げるパイプ）の中の水分が、凍ったり融けたりを繰り返すことがある。そうなると、道管の水に気泡が発生するキャビテーションという現象が起こり、水を吸い上げられなくなってしまう。ところが、ナナカマドは道管以外にも水を吸い上げるバイパス的な器官を備えていて、キャビテーションの影響を避ける能力が高いという。

寒冷地が厳しいのは、冬だけではない。樹木は光合成をしなくては生きていけないが、そのためには一定の気温が必要だ。しかし寒冷地では光合成を行うことができる生育期間は短い。このた

キレンジャク

め短い夏に効率的に光合成を行う能力が必要である。

この点で、ナナカマドは、薄くて耐久性は低いものの、光合成の効率が高い葉をつけて、短い夏の間に一年分の光合成生産を行うことができるのである。極限の地に生きる樹木には、さまざまな工夫がなされていることには驚かされる。

暖地では生育がよくない

ナナカマドは、北海道や東北では街路樹としてよく使われている木である。しかし、関東以西の低地、つまり温暖な土地ではまず見かけない。というのも、ナナカマドは、暖地では生育がよくないのである。暖地に植えたナナカマドは枯れやすかったり、実がなりにくかったりする。寒さに強い木が、暑さに強いとは限らない。

ナナカマドに限らず、寒冷地の樹木を暖地に植えても生育がよくないことがある。その理由はあまりよくわかっていないようだが、いくつか原因が考えられる。

例えば、樹木は種ごとに光合成に適した温度領域があって、暑すぎると光合成ができなくなってしまうのである。また、夏に暑いと呼吸量が多くなり、エネルギーを過剰に消費して栄養不足に陥ったり、葉からの水分の蒸発が激しいために水分不足にも陥りやすい。そのうえ、暖地には寒冷地にはいない病原菌や害虫が存在する。

ケヤキやイチョウは全国どこへ行っても見られる街路樹であるが、ナナカマドはどこにでもある街路樹ではない。北国や高原を旅する人にとっては旅情を誘う木であり、地元の人々にとっては郷土のシンボルである。こういった郷土色の豊かな街路樹に出会えると、旅をする楽しみも増えるだろう。

主要参考文献

『さくら百科』永田洋ほか編　丸善　二〇一〇
「国土技術政策総合研究所資料第五〇六号　わが国の街路樹Ⅵ」国土交通省国土技術政策総合研究所編集・発行　二〇〇九
『樹木医が教える緑化樹木事典　病気・虫害・管理のコツがすぐわかる！』矢口行雄監修　誠文堂新光社　二〇〇九
『ニセアカシアの生態学　外来樹の歴史・利用・生態とその管理』崎尾均編　文一総合出版　二〇〇九
『サクラとウメの花の香り』堀内哲嗣郎著　フレグランスジャーナル社　二〇〇七
『資料　日本植物文化誌』有岡利幸著　八坂書房　二〇〇五
『わが国における街路樹種の近年の動向』豊原稔ほか著　ランドスケープ研究六四（五）二〇〇一
『街路樹』山本紀久著　技報堂出版　一九九八
『街路樹・みんなでつくるまちの顔』亀野辰三ほか著　公職研　一九九七
『柳の文化誌』柳下貞一著　淡交社　一九九五
『東京の並木道』林次郎著　㈶東京都公園協会　一九八〇
一般社団法人　街路樹診断協会ホームページ（http://www.gaishin.com）

著者紹介

渡辺《わたなべ》一《かず》夫《お》

森林インストラクター。

一九六三年、横浜市生まれ。

東京農工大学大学院修了。農学博士。

森林インストラクターとして、樹木と人間のかかわりや、森の成り立ち、仕組みを解説する仕事をしている。

山歩きが趣味だが、風景や樹木などを眺めているうちに時間がなくなり、山頂まで登れなくなることも少なくない。

主な著書に、『森林観察ガイド』『イタヤカエデはなぜ自ら幹を枯らすのか』『アセビは羊を中毒死させる』『公園・神社の樹木』(すべて築地書館)がある。

街路樹を楽しむ15の謎

二〇一三年四月二五日　初版発行

著者……………渡辺一夫

発行者…………土井二郎

発行所…………築地書館株式会社

東京都中央区築地七―四―四―二〇一

〒一〇四―〇〇四五

電話　〇三―三五四二―三七三一

ファックス　〇三―三五四一―五七九九

http://www.tsukiji-shokan.co.jp/

印刷・製本……シナノ印刷株式会社

デザイン………吉野愛

ISBN978-4-8067-1454-5 C0045